How to Solve Sudoku

The basic rule of Sudoku: In each of these Sudokus, there is a set of nine 3x3 grids laid out in a large square that is to be filled with digits. Every single 3x3 square and each row and column must contain the digits from 1 to 9. No digit can be repeated within the same 3x3 grid nor in any row or column. For example, if a row already has a 4 in it, that row cannot have another 4 in it. Also, if a 3x3 square already has a 7 it cannot have another 7.

④	3	2	④	9	5	6	7	1

⑦	8	5
9	1	6
2	4	⑦

Important: Use a pencil and eraser. When first starting out, you are likely to make mistakes and you will want to be able to erase them to keep your Sudoku in order and clean.

Situation #1: Single empty square in a row, column or 3x3 square. If there is a row, column or 3x3 square that has only one empty square left, you can see very easily which digit is missing from 1 to 9. If the row already has digits 2 to 9, you know that the only digit missing is a 1. If a 3x3 square has the digits 1 to 4 and 6 to 9, you know the missing digit is a 5.

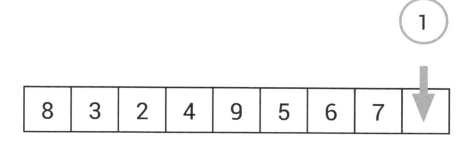

Situation #2: Look at a row or column. Look to see if there is a digit that is in two of the three 3x3 squares. As we know, if a digit is in a 3x3 square, it cannot be again in the same 3x3 square. If a digit is in a row or column, it cannot be in the same row again. In this example we see the left 3x3 square has a 1 in it on the second row. This also tells us that the digit 1 cannot be anywhere else in that same 3x3 square, and it also cannot be repeated in the entire second row.

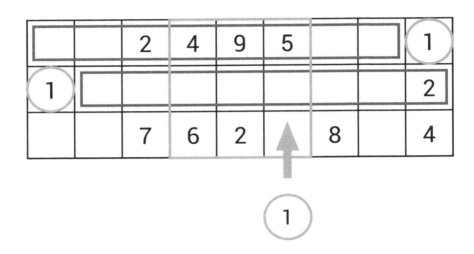

Then, we see that there is a 1 in the right 3x3 square, in the top right corner which is also the top row and the right side column. So we now know that there cannot be another 1 in that 3x3 square and there cannot be another 1 in the entire top row nor the entire right column. So now we can look at the middle square and see that the 1 cannot be in the first or second row of that square. In the bottom row of the middle 3x3 square we see that there is a 6 and a 2, leaving only one empty space. That is the only place where the 1 could possibly be.

Repeat this for all three 3x3 squares top to bottom and left to right with all digits 1 to 9. You will start finding the first digits and then you can also repeat this step as many times as needed.

Situation #3: You have multiple possibilities. Sometimes when scanning over the rows, columns and 3x3 squares, you have multiple options for which digit fits in which space. Start penciling in where that digit could be within that square or row. At the beginning, look for digits that only have two options within a row, column or 3x3 square. If needed, you can pencil in even more possible digits as options into the square. Look over all the possibilities and you will find the exact digit for a square or row. (It is best to pencil in options small in the corners, so you do not mix it up with a correct digit and make a mistake)

4	8	3	5	7	2	1	6	8 9
7	1 2	5	3 6	3 6	9	4	2	8 9
9	1 2	6	1	4	8	7	5	3

Here is an example of penciling in possible digits to find the next correct digit. In this example, we are trying to find the next digit 1. In the top left 3x3 square we can see there are two possible options where the digit 1 can be. It could be in the center middle and the bottom middle spaces of the top left 3x3 square. Then, in the top middle 3x3 square, we can see there are also two possible spaces for digit 1. In that 3x3 square both possibilities are in the bottom row. Since the middle 3x3 square can only have the digit 1 in the bottom row of the square, that tells you where a digit 1 must be and that out of those two options there will be the only 1 in the entire row. Knowing that, and looking at the top right 3x3 square again, we now know that the digit 1 cannot possibly be at the bottom center of that 3x3 square since there will certainly be a 1 in the bottom row of the top middle 3x3 squares. So that leaves the only possible place for the 1 to be in the top left 3x3 square and that is to be the empty center middle space.

4	8		5	7				9
	1	5	3	6			2	8
9	1	6	1	1	8			
8		2	4	9	5	6		1
1	6		8			9		
5		7	6		1	8		
2			7		6			
	7					9		6
6	5	1	9		3	2	4	

4			5	7				9
	1	5	3	6			2	8
9	1	6	1	1	8			
8		2	4	9	5	6		1
1	6		8			9		
5		7	6		1	8		
2			7		6			
	7					9		6
6	5	1	9		3	2	4	

As you solve more and more Sudokus you will also create your own way of thinking and solving them with your own possible variations to the above examples of how to solve a Sudoku.

Pro Tip #1: Try to work on rows, columns and 3x3 squares that are nearly complete. Getting rows, columns and squares filled out, will start making it easier and easier.

Pro Tip #2: Work with individual digits. Look to see which digit you already have many of. It can help you figure out the rest of that same digit. Scan up and down as well as left to right on each row and square. See if you can figure out more of the same digit. Getting one of the digits into every square will start making the rest of the digits easier to determine as well.

Pro Tip #3: Never guess a digit if you cannot figure it out. Setting a wrong digit could make it so you cannot solve the puzzle and come out with more wrong answers. Only pencil in your options.

Pro Tip #4: Recheck frequently. As you keep figuring out new digits by scanning each row and column, in all directions and the same with the 3x3 squares and individual digits, and the marked possible digits, you will find even more correct digits. So repeat the same scans and techniques frequently until you finish the Sudoku.

Pro Tip #5: If you must look in the back of this book for the solutions, try and learn from them so you improve each time you do one. You will eventually be able to solve harder and harder Sudokus.

1.

8	6		2	5	1	7		3
2	5		7		4	8	9	6
	4		8	6	9	5	1	2
	1	4	5	8	6	2		7
								8
	8	2	1				6	
1	7		3		5	6	2	4
4		5			7	3		
3	2	6	4			9		5

2.

5	2	6	4	9	1		7	3
	9	7		3	8	5	2	1
8	1		2			9	4	6
7			9	4	6	3		
	6	9	5	8			1	
3	5	4	7				9	
6	7		8	2	4	1		
1		8	3	7	9			5
9	3		1		5	4	8	

3.

3	8	1			7	6	5	2
9	2	9	8	6	5	3		
5	4			3	1			
	5	7	1	8	9	4		
		3	5				8	9
6	9	8	3	4	2			7
9		4			3	8		5
8		2	9	5		1	3	
	3	5	6	2	8	7	9	

4.

	9	1		2	7	6		3
7		8	9	5	3			4
	2	5	6		4		9	7
			3			2		9
	4			8		7		1
9		7	4	6		5	3	
6	5	4	7	3	8	9	1	
1		9	2		6			5
8	3	2	1	9	5	4	7	

5.

7		1		2	6		5	4
9				7		2		6
8				4	5	7	1	3
1			2	5	3	4	6	7
	2			6		1	9	5
5	7	6	4		9	8	3	
6				8	2	3		9
	5	7		9	4	6	2	
2	8	9		3		5	4	

6.

4	5	1	7				2	9
9	3		4	1	2	6	5	7
6	7	2	5	3	9			8
5	2	3	6				8	1
	1			2				4
7		4		8		2	9	
3	8	5	9		6	4		
	4	7	8	5	1			6
1		6		4		8	7	

7.

8	6	7	5				1	4
	3	9	8		2	7		
2	4	5	7		6	9		8
			2			8		1
	5	1	9	8		6	7	
4	2	8	1		7		5	9
	1	2		9	5	4		7
	7	3	4	2	8	1		6
9			6					3

8.

7		2	9		3		6	8
8		3	6	1	2	7	4	9
6				8	5		3	1
	6	5	4	2				7
1		7	3			4		
2		4	1	7				6
	3	6				8	7	5
		1		3	7	6		4
9	7		5		4	1	2	3

9.

4	5		6		3		1	7
8	9		2		7			3
	3	7	4	8			2	5
	4	5		1	8	7	6	2
3	1		7			4	9	8
			9			5	3	1
	2	9	8		6		5	
	6		5	4	2			
5	8	4		3	9	2		6

10.

4	8	7		1	9	6	5	3
	9			4		2	1	8
6	2		8					9
5	6		4	2	8		7	
8		2		7	1	5	6	
7					5			
	7	8	5	9		4	3	6
2	5		3	8	4		9	7
		3	1	6	7		2	

11.

	7	3			9	1	5	2
6	1	8	4		5	7		
			3	1	7	4		
	9	1	7	4	2		8	6
			9	5			4	
					6	9		7
1	6		5		3	8	7	4
9	3		6		4	2	1	
8	4	5	2	7	1		9	3

12.

			1	9	7			2
	6		8			1		7
1	7				3		9	
				1		8		3
		5		3	6	9		4
3		9	7	8	4		2	6
8	9			6	5	2	4	
5	3	6	4	2	1	7	8	9
2	4	1	9	7	8	3		5

13.

8	4	3	7		9	1		5
5	1	7		3		6		
6	2	9	8					3
1	7		5	2	3			
	5	8	6	1	4	3		2
					7	5	6	1
		5	1		8	2		
3	8	1	2		6		5	7
2	6		3		5		1	9

14.

	2	9	3	8	7	6	4	5
6		8	4		9	1	7	3
		4	1	6		2		
4	6			5	8		3	
	3	7	2	1				
	8					6	7	1
5	1	2			3		9	6
	9	6	5	4		3	2	
7	4		6		2		5	1

15.

	6	1	5	3	7		8	9
5	4	8	1	6		7	2	3
7			4	2	8			
		7	9	1	5			4
			8		3	5	7	
			2	7	6	9	3	8
		5				6	1	
4	3	2	6	5	1	8		
8	1			9	2	3	4	

16.

9	1		5	4			2	8
			3		2	4		
4	2	5			8	7	3	9
6	4	1		5	3	9		2
3		9		2		1		4
8	5	2	9		4	3	6	7
	3	4				2	7	
1	9	7	2				4	
2	8		4		1			3

17.

		2	4	8				
4	6		7		3		8	
	3	9		1			4	6
2	9	3	1		8		5	
1		7	5		9	8	2	3
5	8	6	3	2		9		7
	2		6			5	9	
	7	4		5	1	3		
6	1	5	9	3	2	4		8

18.

	7		3	1	8			4
	3			5				1
2			6	7	4	8		9
5					1		9	6
3	6	7	4		5	2	1	
4	9	1				7	5	3
6	5	9	8	2	3	1		7
	2		1	4			6	5
1		3		6	7		8	2

19.

		3		1	6	4	5	2
		8	9			6	1	3
6	5	1	2	3	4	8		
5	4	6		8			9	1
8	1	9	6		2			
	3	7	4	9			8	
		2	5		7		3	8
3	9	5	1		8	7		4
7		4		6		1		

20.

		3		6		1	5	2
1	5	2	3	7	4	6	8	9
				5	1	4		
	6	9		3			1	8
4	3					2	9	
5	1		6	2		7	4	
3		5			6	9	2	4
9	7			4	2	3	6	
	2	4		9		8	7	1

21.

	1		8	6	4	3		
4		2	9		3		7	
8	5	3			1			9
6	3	9	1	8	5	2		7
	8	4		9	2		3	1
		5	4		7	9		6
5		1		7		8		3
3	7		5			6		2
2			3	1		7	5	4

22.

	3	8	9		4			7
4	5	9		6		1		8
1	7		5	8	2		4	9
	8			4	9	2	7	6
				5	3		1	4
7		4		2	6	9		
	2	1	6	7			3	5
3	6				1		8	2
	4	7		3	5	6	9	

23.

		2	5	7		9	3	1
9	1	7		4	3		8	
5		3		8		2	4	7
		5	3			4	1	9
	3		9	2	4			8
4	8	9	7		1	3		
2			6	3		1	5	
3	7			9	5		2	6
6		4			2		9	3

24.

1	3				7			4
4	5			1		2	8	7
7			2	5	4	3		
	1		5	4	2		9	3
5	4	7	1	9		8	2	6
2			7		8	5	4	1
		4	8	7	9			
	7			2		4	3	8
8	6	1	4			9		2

25.

8	5	7	9	4	6	1	3	2
		9		3		7	4	5
	1			5			6	9
9	8		5	1	4	3	7	6
6		1	7		3	9	5	
5	7			6	9			1
	9			7	5		1	3
	2							
	3		4	8	2	5	9	7

26.

7	5	6		8				3
	8	2	7					4
9	3	4	5	6	2			7
	1		3			7		9
4		9	2		7	8		
2	7	3		5				1
	4		8	9	3	5	7	2
5		7	6	2			4	8
	2	8	4		5	9	1	6

27.

1	4		7	8	9	3	2	
9	7				6	1		4
8	2	6	4	3		9		
6		9				7	3	8
7	3	4	1	9			6	2
	8	2	6				1	
3	9	7		5	2	6		1
4	6				7			
	5	1	3	6	4		9	

28.

	4	7	8	2				6
	5	6		4	7		2	
	2	8	6	3	9	4		
		1	2		4	3	5	
	8		7	1		2	9	4
2	7	4	5	9		6	8	1
8	6		9					
	1		3		8	7		2
7		5	4	6	2	8	1	

29.

	6		4		5	2		
9	2	1	6	3	7	5		8
4		3	2		8	7	9	
6		2	5		9	4	1	7
	4	7	1	2				9
1		9					2	5
2	9	5			4	1		3
	1		3	7	2		5	4
		4	9	5		6		

30.

6		3	2	1	5	8	9	
8	4	9	6	7	3	5		1
2			8	4	9	3	6	
3	8	2		5		9		6
			3	2	4	7		
		4				2	5	3
	2	7			6		3	9
					1	4	8	
1		8	4	3	2	6		5

31.

		2	4		8	9	7	5
8	6		7	9	1		3	2
		4	3	2	5	6		
			2		7			6
1		6	9			7	2	3
		7		1	6		9	
6	4	3	8	5		2	1	7
5	9	1		7	2	3	4	8
	2		1			5		

32.

4	1		5	2		3		
6	5		4		7		1	2
2	7	3	1		9	4	6	5
9			3					
1	3					6		8
		5		7			3	1
3			7	9	5	2		6
5	6	2	8	4	3	1		7
7	9			6	1	5	8	3

33.

6		9		4	1	8	3	7
3		5				1	4	6
4		7		6			9	2
5			9	7				
	3	8		2	4	6	5	9
	9	6			3	7		4
9	5	1	2	8	7	4	6	
2	7				5	9	8	1
8		3		1	9			

34.

1			4	8	6	2	9	7
			7	2		1	3	5
				3			6	
5			3			9		6
6		1	9	5	2			
	4	9	8		7	5	2	
7			5		4	3	8	2
8	1	4	2		3	6	5	9
2	3	5		9	8	7	1	

35.

9	3			5	7	2		
7			1		8	9	4	5
5	4		6		9		3	1
1	9		3	8			5	
	8	4	5			3	1	
2			7	6	1			8
	1	9	2		3	5	6	
4	7			1	5		2	3
3				4	6	1	7	9

36.

1	7	4	5	2		9	8	
	9	5		3	8	7		
6				4	9	1		
			4	9		3		8
4	8	1	6		3	5	2	9
9	2		8				7	4
3	4	2	9	5	1			
7	5	6	3				9	
		1	9	2	6	7		5

37.

2	7	3	8		1			
8		6			3	5		1
		1	9	6	7		3	2
1	2		4	3			8	
4		8	1		9	2		
9	6	7	5	2				3
3	8				4	1		6
6	1				5		2	9
7	5	9		1	2	3	4	8

38.

6			3		9	5	8	
9		4	6	8			3	7
8		3	5	2	7	6	4	9
3				5		9		2
4	9		8	7				5
1	7	5			2	8		
	8	6	4	9	5	1	2	3
2				1	8			6
	4	1	2	6			9	

39.

	4		1	6	9	3		2
		6		4	8	9	1	7
9	1	8	2	3	7		5	4
6	5		3	8		2		9
	9		7	5		1	6	8
8	7	2	9	1				
4			6		1	7		
1			4	7	5	8		
5					3	4	9	

40.

	8	3	9		7		6	
6	9	7	1				4	
4	1		6	8	3			
8	6	9				2		4
	2	1			4	8	3	
3	5	4		9	8	7	1	
1	3	5		2		4	9	7
9	7		4		5	6	2	
		6	7		9		8	3

41.

	9	5	2					6
8	7				9	2	3	5
2	4	6	1	3		7	8	9
9		7	5	4		8	2	1
1				9		3	5	4
4	5		8		2		9	
	3		9	5		1	4	2
		9				5		
		4	6	8	1	9	7	3

42.

9	2		4	3	5	6	1	8
	4	8	1		9	5	3	7
3	5	1	8	7	6	9		
7		2	3		4		6	5
	6		7					
	9		5	6		7	2	
1		9	6		7		5	
2	7			5			8	
5	3		2	8		4	7	

43.

2			3	4	7		8	1
4	3	6	5		1	7	9	
1				9		5	4	
3		8	4	1	6	9	7	5
	7	1						
6	9	4	2		5		1	8
9	6	5	1			8		
8		2	7		3	1	5	
	1	3	9			2		4

44.

	8	7	5		2	3		9
	6	5	3		4		7	
9	3	4	7	8	1		2	6
8	5	9	2	1	7			3
				3	9	1	5	8
3	4	1				2		
5	7	8		2	6	9		4
4		2						
			9	4	5	7	8	2

45.

3	5	8				6	1	4
6	4	9	1	3	5	7	2	
	7	1	6	4	8		9	
	9	5	8	6	2	1		3
	8		4	1	3	9		
1	2	3	5	7	9	8	4	
9						4	8	
			2		4	5	6	1
					6		3	

46.

	6	4		5	8		9	7
			2	4			6	5
1	8	5			6			
7	2		9	3		6		
9				8	4	2	7	
	3			7				9
6	9	3	8	1	7	4	5	
8	4		5	6	9	7	3	1
5	1		4	2		9	8	6

47.

7		4	6		3	8		
		9	4	7		3	6	5
6		1	8	2	5	4	9	7
3	9	7	5	1			8	
1			9		2	5		6
5	6	2	7			1	3	
8			1	6	7		4	
	1	6		5	9			
9	7	3			8		5	

48.

	9			5	3		6	4
2				4		1	8	9
	7		8	9				
3	1	9		2	8	6	4	
						9	3	5
		7	3	6	9		1	
1	6	4	9	8	7	5	2	3
7		8	6		5	4	9	1
9	3			1		8	7	6

49.

3		9	8	1	2		5	6
	6	4		3		9	1	8
1	8	5	4					2
	1	2	3		9			4
4				6	1	8	9	
	9	3				7	2	1
9	3	8			7		4	
	4	6	1	5		2	8	9
	2	1	9		4	6		

50.

5	3		2	6			8	4
6	9		5	8	7	1		3
7	8		3	4	1		5	
1			6		5	4		
4				2		6	3	
		8	7	9	4	2		
8			9	5	2	3		
9		3	8	7	6	5	4	2
	5	6				8	9	7

51.

4		9	3		5	8	1	2
			4				6	5
1	5	6		7	8		9	3
3	6			1		2		9
5	9	1	7	2	6	3	4	8
	4		9	8				
2						9	3	6
		7	8	3		5	2	4
9	3		6	5		1	8	

52.

5		6	4	9	2	7		8
3	8	9	5		6	1		
2		7						
1	6	5			9	4	2	7
	3	2	6	4	7	8	1	5
		4			5	3	6	9
				5		9	8	4
7	9	1	8		4			3
4	5	8		6			7	

53.

	4		8		5			
7	2	9	6	4	1		5	3
1		8	7	2			9	6
	9	6	5	1	2	3	4	7
2				6	8	9	1	5
		1			9	6	8	2
4		2		8		5		
3	1	7		5		2		8
9		5	2					4

54.

		8		6	4	1		
1		2	8		9		3	6
3	9	6		2		8		
6				8			9	
2	3	4	7		1			
	8	5	2			3	7	1
8		1	9	3	7	4	6	
4	2	9	6	5	8	7	1	
	6	3		1	2		8	5

55.

6	1				9		8	5
		3					6	
5	2			3		9	1	7
	3	9		8	4	5		6
4		6	9	2	7	8	3	1
1			3	6			2	9
3				5	2	6	4	8
7	4		6	9		1	5	
			4	1	3	7	9	2

56.

4	7	1	8		9	6	2	3
		5	1	3	6			
	8	3	2					5
1	6			8		7		4
	5	8	7	4			6	
7	4		6		3	2	5	
5	1	6	3		7	4	8	9
8	9		5	6	1			2
	3				8	5		6

57.

9	5		2	1	3			7
1			9	6	5	4	2	3
3	2	6	4	7		1	5	9
	1	2		4	9	6		5
5	9	3	6	8		7	4	2
	4	8			2			
		5		2		9		
4	3		5			2	7	
		9	8	3				6

58.

		4		6	5	3	8	1
5		1		9	3	6		2
3	2	6	1	7	8	9	4	
		5		1			3	7
	6		5				1	
1	4		9	3				6
6			7	8	4	5		
4	5	9	3		1	7	6	8
7	3	8	6	5				

59.

	6	7	1	4	8			5
9	8		5	6	3	4		7
		3	9	2	7		1	8
7			6			9	3	
	9		3	7	5			4
6		8	4			5	7	2
3	1	6	7	5	4			
	2			3		7		
8	7	4	2		6		5	3

60.

7			3	5	6	8	9	
8	3		4		1		2	6
			8	2	7	4		3
4	6		1		8	5	3	
	7	8	2		5	9	1	4
1		2				6	7	8
	9	1	6	8	3			
	8	3		4		1	6	5
		7			2	3		9

61.

1	4	8	5		3			7
9	3	7				1		
2		6						8
5	9		3	6	2	7		
	8	1	7				5	
6		2	1	5	8	4	3	9
8	2	9	6	3	1	5	7	
7	6	3	8		5		1	2
	1	5						

62.

8				1	2	5	3	
4		2	3	5	7	8	9	6
	3	7				4		2
3	6	8				7		1
	4			7	3			5
9	7		1		4	6	2	
	8	4				2	7	
6	2	9	7	4		3	5	8
		3		2	9		6	

63.

1	7		2	5	8	6		
	5	2	4	7	3		1	8
8	4			9		2		7
	3	5		1	9	8		4
4	8	6	3				9	5
		1	8	4	5		3	6
3				8			7	2
	9	8		3			6	1
2		7	5					

64.

6			7	4			9	
		1	6	8		4		
	4	7	5	2	3	1	8	6
8	5		2	7		6	1	9
	7	6		9	5		2	4
4		9				7		8
			4	3	8	9	6	7
3			9		7	2	4	1
7							3	5

65.

		4	5	8		1	3	7
8		6	9		7	2	4	5
3	7	5	4	1		9		
	8			4	9			
6		1			8	4		3
		7	6	2	3	5		1
	3		8			7	5	9
	5	9	3		1			
7	6	8	2		5		1	

66.

	1	4	6	2		8		5
			9	3	5	7	4	
7	3		4	8				9
4	5			9	3	2		7
2	7			4	6	5	1	
3	8					9	6	
8	9	2		1				
1		7			8	4	9	2
5		3		6		1	7	8

67.

4		9	3	2		7	6	
3		2			7	1		
7	6	8			1			9
	9	6	8	7				4
	8	3	6	4			9	7
2	4						8	
9	2	4	7		6	8		1
6	3		1	8	4	9		
	7	1	2	9	5	4		

68.

2	5	7	9	1			8	
	4						9	7
8	9	3		5	6		4	1
7		5	2					4
		2	4		7	6		9
9		4		3	5		2	8
1		8	6	4				5
	7	6	3	9		4		2
4	2	9	5	7				3

69.

					7			6
	4	9	5		6	1	2	8
6		3	2	8	9	7	5	
3		6	7		4			
	9		3	1	5		4	7
1						5	9	3
		1	4	6		8		
4	6	7		5	2		1	9
	3	8	9	7	1	4	6	

70.

8	4		1		9	6	2	7
	7	6		2	8	1		
		9		7	5		3	
9				6				4
5			8		4			2
		4	7		2	5	6	3
7			9	8	1		4	6
6	9		3	4	7	2		
4	3	8	2	5	6		7	

71.

1	9			8	7	3	5	
		3		5	6		7	
7		6		1		8		4
9		5		2	8			1
3		4		6	1			
8		1	7	9		2	3	5
6	4		8	3		9		
2	3	8				5	6	
5	1	9	6	7		4		3

72.

7	4	6	1	8	9			3
8	2	9	4			1		7
3					6	4	9	8
		5	3	4	8	9	1	2
		8	5	9	1	7		6
	9		6		2	8	3	
			9	1		3	8	
	8			3		6	5	1
			8			2		9

73.

3	5	9	1	7			8	6
	4			6				
7		8		5	3		1	
4	3	7	8	9			6	
6	8		7		5	3	9	1
	1		3	2	6			
1	2	6	5			4		8
8		3		1		6		
5	9		6	8		1	2	3

74.

		8	9		6	3		
	9	2		1	7		6	5
	6	5		3	8			4
9	2	6	7			5	8	3
8	7			6		2		9
5		4	8		9			
6	4		1	8	2		5	7
	5		6		3		2	
	8	9	5			6	3	1

75.

9	8		5		1		2	
	2	1	8	9	3		7	6
5		7				9	8	
8			7	3				2
1	7					8	4	9
	6		1					5
3	5			1	7	2		8
7	1		9	4		6	5	3
6	9	2	3	5	8		1	

76.

		9	6			5	3	2
5	6	3		4				7
	2	7	9	1	3	6	5	8
9	3				4	8		
		8						5
1	4	2		5	8	9		3
3			4	9			8	6
2	9		5	8	6	7	3	
		6	3		1			9

77.

5		7		8	9			2
	9			1	4	5	7	6
1		6		2	5		8	3
		4		9		6		5
9			8	6			2	4
6	2		4			8		
4		9	2			7	5	
3	6		9		1	2	4	8
7	1	2	5	4	8			

78.

	6		4	3	2	1		
	8	9			7		3	
3	4	2			9	6		5
6	2	8		9		4		
	9	3	7	2	4			1
	7		5	8	6	9	2	
2	1			6	3	5	4	8
9	5			7		3	1	
8	3		1					2

79.

6	5			9	3	7		1
3	8	9	1	7	2	5	4	6
	2		5	4	6			3
			7		1	6	8	9
		6			9			7
	9		4	6			3	
1	3	5	9		7	2	6	4
	6		2	1	4			5
		2	6		5			

80.

			4	9			8	6
5		4	1		6			
	9					4		1
9	4	8	2	6	1	7	5	
2		7	8		5	1		
	1	5			9		4	2
7		1				6	3	4
	6	9	3	7	4	2	1	
4	5	3		1	2	9		8

81.

3		2	9	7	1	4	6	
9		7	4	6		2	8	3
6		5			2	1	9	7
	5	4			3	6	1	2
				8			4	
2	9	6	1		4			8
	2	3		1	9	8		
		9			8	3	2	
4	6	8			7		5	

82.

4		9	2		1		3	5
	1					9		
	6	7		5	9			1
1			5	9	2		8	
3	2			8			1	
				3	7		6	2
9	5	1			8	3	7	4
6	3	2		4	5	1	9	8
7	4	8	9	1		2	5	

83.

	4	8	2			7	1	
6		7			8	3	5	
	3	5				8		4
1					5	6		8
5			6	1	2	4	7	9
7	6			3	9	1	2	5
	5	6	3	9		2	4	
	2			8				7
4	7	1		2	6		8	3

84.

	1	6		2			7	
8	2	5		4		3		
	9	3	6	8		2		4
6					7		8	
	7	8		1			9	
5		1		9	6		2	7
	5	4	1	7	2		6	9
1	8	2	9	6		7		5
9			3	5		1	4	2

85.

5	4	6	7		8			
	3		6				8	9
1		8	3				7	5
				1	5	7	9	6
	5		8	7	6	1		
7	6		9	3			5	8
		3	4	6		5	1	
6	2	5	1		3			7
	1	9	5	2		8	6	3

86.

4			5	1	3	9	2	7
5	7	9					3	
	3		8	9	7		4	
	2	8	9	3				1
		5	4	2	8	7	9	3
	9	4	7		1	2		5
9	6	7					5	
	4	1	3	5		8	7	9
		3	2		9			

87.

3	8	5	2	1		4		
2	4		5		7			3
	9	1	8	3	4		6	
9	6		7	5		3		4
		3	6		9			
1	5	7		4	2		9	
	3			7	5	6		
6	1			2	3	7	5	8
5	7	2		6			3	

88.

	8	4		3	7	9	2	
2	3				1	5	6	
1	9	6	2	8	5	7		
		9	4	5		6	1	2
8		2	3		6			
		1	7				3	5
6			5		3			4
9	2	5		6	4			
7	4		8	2		1	5	6

89.

		2			6			
5	3		7	8	9			6
8		6	2	1			7	3
1		3	9		7			
9		5			8	1	3	7
4	6	7	3		1	9	5	8
	7	9	8	4				
2		8	1	7	3	4		9
	4				2	7	8	5

90.

					3			
	2	3	6	9		1		
	1	4		2	8		7	
5	3	9	4	7	6			1
	4	8	3	1	2		5	9
1	7	2	9	8	5		3	6
2	6		8	5			1	4
		1	7			4	5	2
	9	5		3			6	

91.

8			6		2		5	1
7	4			1	5	6	3	8
6		5			8		4	
5	9	7	2		3		8	4
2		1		9	4	3	7	
			8	7		9		
	7	3	4		9			
4	2	6	1	8	7	5		3
					6	4	1	7

92.

9	2	7	6		8	4		5
	8		2		4		3	6
4			5	7	1	8	2	9
	4						7	8
	6	3	4		9	2	5	1
8		9	7		5			4
6	7	4				1		3
2			8	4	3		9	
3	9					5	4	

93.

6	5		9		1	2	4	
1	2	3		5		8		
8	4	9		2	6	5		
5	3	1		4	8	9		
	8		7			3	1	5
	9				5	4	2	
	1	8	6		2		5	
4			5	1	3	6		
	6	5		7	4	1	3	

94.

2			9	1			7	5
8	7	6	3			1	9	4
9		1		4		8		
	6		8	3	1		2	9
1	4				7		5	8
3		9	4	5	2	7	1	
7		5						3
6	2	8				9	4	1
4		3		6		5		7

95.

3	1	6	5	2	7			
7		5	9	8	1	6	2	
8			3					
	3		6	5	8	2		
6	7	8	4	9		3	5	1
5	2		1			4	8	6
			8		9	7	6	4
	8			4		5	1	2
	6	7				9	3	

96.

	4	5	8	1	2	6		3
1	9	2	4		6	7	5	8
6				9	7	4		1
	7	6	1	4	3	5	8	2
		4	6		9	3		7
					5			6
			2	7			6	5
	5		3	6	1			9
2	6				8		3	

97.

9				6	1	5	7	
3	6			8	5	2		1
5	1	4		2	7		6	
1	3		6		2			
	4		1	9	3	6	2	
	2	6	8		4	3		
2	5	8						6
6	9	1	2				3	5
4	7	3			6	9	8	

98.

4						7		9
8	9	7		1	2			6
2	6	3	9	5		1		4
1	7	8	2	4	5		6	3
5		6	7	8		2		1
9		4	1	6				7
			3	2	8	4		
		5	6			3		2
		2	5		1		9	8

99.

	4	2	3	9	8		6	7
5			7	1	4	2	8	9
	8		5				1	
8			1	7	6		9	5
3	5					1	7	4
		7	4	5		8	2	6
4	3			8		6	5	2
2	9			4		7	3	
		8	2			9		

100.

1	7	5	3		8			4
4						1	9	
8		2	1	4				7
7			5					3
2	4	3		1	9	7		
6	5	1			7	4	8	
3		8		7	5		4	1
5				2	3	8	7	6
9	6	7	4			5	3	2

101.

		8		3	6		9	5
5			9		1		3	8
		9	5	2		6	1	7
8	2	4	6	1	3			9
9		1		7	4			
6	7	3		9		1	2	
	8		3	6		9		1
4		6				7	5	
1	9	2	4		7			3

102.

2	6		4	9		5	1	
	1	4	2	5	8	3	6	7
						9	2	4
1	3	2	5		6		8	9
5		9	7		1	6		2
	7			2		4		
6		1	9		5	2	4	
3	2		8					5
4	9	5	1	3				

103.

	3	6				7	5	
			9	3		8		
	1	2		6		9		3
6	9	8	2	5		3	7	4
1	7			8		6	2	
2			6	7	9	1	8	
	2	9	3	4	8		1	6
3	6	1		2	5	4	9	
	8	4		9				

104.

1				2	5	9		6
	8	6	4			2		7
2	4		9	7	6			
5	9			6	4		2	3
4		8				1	6	9
6	2	1	3		8	5		
	1	2	5		9			8
8	6	4	2	3		7	9	5
3					7			2

105.

5	3	2			8	1	6	7
				1		5	3	9
1			5	6	3		2	
3	4	8		2	1			6
2	5		4	9	6		7	
	9				5		4	1
7	1		8	5	2		9	4
		5	1		4	3		2
		4			9		1	5

106.

8	1	3	6		5	9	2	7
		9	8	3	1	5		
			7	2	9	3	1	8
1				6				9
4	9	7		5		1	6	3
		6		1		4		2
7	5		4		6	2		
6					3		9	5
	3	1	5		2	6	7	

107.

6	8	5			1	3		7
			8		3	1		
2	3	1	6	7	4	5	8	
3	9	4	1	8	2		7	5
8	5	7	3			4	1	2
1		6			7	8		
9	1	3	4	2				8
				8				
7	4	8	9				5	

108.

9				8			7	
7	1				9	8	3	
8	2	4		7		9	5	6
5	8				3	6	4	
6			2		8	5	1	3
1	3		6	5	4	7	8	2
2			1	3	7			8
	7			4				5
4	9		8			3	2	7

109.

7		1		5	8		3	6
5		9	7		6	4		
		6	1		9		8	
		3	5	1		2	9	8
		8	4	9	3	1		
		7		6	2	5	4	3
	9	2	3	8	5	6		4
	3	4				8	5	
8			6	2		3		9

110.

7	3	4	8		5	9	2	6
2			4			1		
1		5	3		2	7		8
8	7	6		4	3			2
3			2	5		4		7
5	4		7			3	8	
	1	7	5			2		
		3	6	2		8		4
4		8		3		6	1	5

111.

	5		7	4	8	1		3
	7			3			5	
1	6	3	2		5		8	
		5	4	8	1		9	6
3	4	8	6	7				5
9			5	2	3	8	4	7
				5	7		2	9
5		7			2	4	3	1
	3			1	4		7	

112.

8		7			6	4	2	
9	2			8	5	7		6
4	5	6		3	7		1	
6				5		2	7	1
			9	1	2	5		4
5			7		4	3	9	
2	6		5		1		8	
3		8	6			1		
1		5	3	2	8		4	7

113.

		2	4	3		8	5	9
	9	5	8	7				2
8			5			7	6	3
		7	2	5	3		4	
2	8				9	5	3	
	3	4		1	8	2	9	7
	5				7	9	2	6
7	6	9		2	5	1		
	2		9		4	3		

114.

9		4			8	5		
2		3	9		7			8
5	7	8		4	1		2	
			1		6		3	4
3		6	7		4	8	1	
4	8			2	3	6		
6		7	8		9			2
	3				5		8	9
8	5	9	3	7	2	4	6	1

115.

5		1	8	6			7	3
8			5		7			
	3	7	1	2	4		9	5
4	8			9				
3	1		7		2	9	5	8
7	5	9	6			3		
2	4	8	9	5		7	3	1
1	6				8		4	
9				1	3	6	8	

116.

	7			1	2	3	9	6
2	3		7			8		4
9	8	1			4	2	7	5
6			4	8	7	5		1
		2		6	3		8	
8		7	2	5	9			3
1		9	5	2	8		3	
7		8	3			9		2
3					6		5	

117.

8	9			3	4		6	2
1	2	6	7	8	5			9
4				9		7	1	8
		5	2			4	8	
9	4		3	5				6
	1	2	8	4	6	9	7	
		9	4		8		3	1
	3	4				8		
7	8	1	5		3		9	

118.

8		2			7	6	3	5
7	9	1		3				
3	5		4	2		9	1	7
	3	9	5		6	4		2
	6		3		2		7	
2			1			5	6	3
	1	5		6	3	2	4	
4	2			5	1	7	9	
		8		4		3	5	

119.

1		4		8	3	2		6
7					2	8		5
9	2	8		5		3	1	
	7	1	3	9	8			2
4	3		5	6	7	1		9
8					4	5		7
3	1	5	4	7	9			8
6		7	8	2			5	
2		9					4	

120.

		7	2	4	1	8	9	6
9					8	4		5
4	8	2		6	5	7	1	
	6	9		1	3			7
1	2					6	3	9
	7		6	2	9			
				8	6	3	7	
7		8		9		5	6	
6	4	5		7		9	8	1

121.

7	3	2	6			9		
4	1	9	2	3	5	8		
	8	5		9	1	3	2	4
1	7			5	9	4	6	
		6		1			3	9
	2	4	3	7		5		
	6			8	4	2		
2	4	7	9	6			1	8
	9			2			4	

122.

6				3			4	5
		7		4	1	2		9
		3	7		2	1	6	8
3	9				7		2	1
			3	9	4		5	7
	7	8		2	6		9	3
2	6		9		5	3	8	
	3		2		8	5		6
7	8	5	4	6	3			

123.

5	8	6	4		3	9	1	
			9	1		8		4
	4	1	8	6	2			
7	9		5				4	1
		4		8	7		5	9
2	3	5		4	9		8	
	7		6		1			3
4	5	3			8			6
1		2	7		4	5	9	8

124.

4	1	6	8	9	2		5	3
			6	3	8			1
	2		1		7		4	6
9	4		5			1		
		8		2	4	5	6	7
6	7		3	8		2	9	
2	6				5	3		
7		9	6	3			1	
			2	4	9	6	7	5

125.

		6		5	9		8	3
			7		1	5	9	2
5	2			3	4	7	6	
					7			
6	1	5		2	3		7	
	8	7			6	3		
	4	1	6	7	5	9	3	8
7		3	9	1	8	2		4
9	5		3			6	1	7

126.

	7	9	6	3				
		4		2	1			6
6	1	2	9			3	5	8
2	9	5	7		4		8	3
	3	7		8		6		9
	6				3	7	4	5
	2	8	3	5		4	6	1
		6		1	2		3	
1		3				5	9	2

127.

8	7	4	2		6	1	9	3
			1	8	7	2	4	6
1						7		8
		6	8	2				1
	2		3	1	4			
4	1		6		9			
2		7	9		8	3	1	5
6			5	4	2		7	9
	8			3	1	6	2	4

128.

4	2	6	3	7	5	8	9	
	1	5				4	2	7
3			1	2	9	5	6	
5		3				4	8	
	4		5	9	3			
2	7		4	8	6	1	3	
	5	4		3	8	9	1	
8	3			4	2			6
7			6		1			

129.

6	7	4	3	8	9			
3	9	1		5		7	8	6
			7		6	4	9	
4		6		9	7	8	2	1
1	5				4			9
	8		6	3		5		4
	1		9				4	5
	6	9		4			1	7
2			1	7	5	9		8

130.

4					1	9		8
1	9	3	2	7		4		
			9	4	6	3	1	2
2		4	3	9	5			7
	3		6		2	1	4	5
		5	7	1	4	2		
8		6		5	3	7		9
				2	9	8		1
9	2		8				3	4

131.

	6	2		9	5	3		1
7	9	3	4	6				8
1	8	5		7		6		
8	3		5		6	7	4	
9		7		3		2	6	
2	5				7		8	3
5					9	4		6
	7	9	6	5		8		2
	1			8	2		5	7

132.

7	1				4	3	8	9
6		3	5			1	4	7
4	8	9	7			2	5	6
			1	9		4	6	
	4			6	5		1	
		1	4		3	8	9	2
			3		7	9		
8		7			6	5		4
	3	4	9	5	8		7	1

133.

	5	1	6	9	7		3	8
		3		5	2	6		4
8		2	3	4	1	7	5	
		8	2	6				7
		5	7	8				6
				1	4	3		2
	1	9			6			5
5		6			8	4	7	1
2	8	4	1			9	6	3

134.

4		6			2	5	9	7
5				6	4	1		3
3	2	9		5	1			6
			6	2				1
8		2	1	4	7	3		
7	4			3		2		
	3	4	8	7	5	9	1	
	9	7	4			3	6	8
1		5	2		6			4

135.

	4	9		8	1		5	7
	1		9	7	3	6	4	
7	8	3					9	1
		1	7		8			5
3	7	6			4			
9	5	8	6				7	3
5	9	2			7	8	1	6
1	6		8			5	3	
	3	4	1		6	7		

136.

2		8		4	9	7	3	1
	4	6	7		1	8	2	
	1		5					
		9	2	1	3	5		
5		1			4		8	
	3	2	8		5	6		9
6		4		5	2	1		8
	8	7		9	6	2		
3	2		1		7	4	9	6

137.

7	4	9		3		8	6	5
5		1	6	9	4		7	3
	3	6		7	8	1	4	9
	6			5			2	1
9	5	2	8		1			6
4		7					9	8
	2	4	9			6		
			3	2		9		4
	9	5		8	7			2

138.

3	6	4	7	2				9
	1	5	4	6	8		7	
7			5	9				6
5		1		3	4	7	2	
2	3			8	7	4		1
8			2			9	6	3
6			3	4	2			
	8			5	9			7
1	5	3		7	6		9	4

139.

5	4	9	1	2	7	3		
6		8		9	4			2
7			6	8	3			5
3		4	2		9		5	
2	1	7	3				4	6
		5	7	4	6		2	3
	7	6					8	1
	5	2				6		
	8	3	4	6	2	5		9

140.

	9		3	1		6	8	
6	3		8	7			9	1
		1	5			7	4	
	2			5	1	9	7	6
	7	4	6		8		5	2
		9	7	2	3	4		8
		8	9	4	6		2	7
	1		2	8	7	5		4
			1		5			9

141.

1	4	9		8	7	2	6	3
		6	9	3	1	4		5
	7			4	2	9		
8	3				6			
9		5	4	1	8			7
7	6	4	3	5	9	8	1	2
3		8		6				
4	9		8		3		5	6
		7			5	3		

142.

2			1	5	3	4		6
	3	5	8		6	9	2	1
		6	2					3
			6	2	8	7	3	
	5		9			2	6	
6		8		3		1	9	4
1	8		5			3		
3	6	2		1	9	8	5	
5	7		3		2		1	9

143.

		8	2		7	5		4
		5	8	4		1	6	
					6	2	8	7
1	8	3	5	2			7	
			1		8	3		
	4	6	7		3		1	
3		7	9	8		4	2	
2	9	4		3	1	7		8
8	5	1		7	2		3	9

144.

2	7	4	6	1	9	8	5	
9			4		3	1	2	7
5	1	3	2	8	7		9	
6				3		9	1	5
1	5	2	8			7	3	
7	3	9		6			8	
		5						1
4			3	7				8
		7	1	2		5		9

145.

6	3	9	2	8	7			
2	1		4		6	8		7
	7			3				
5		1	3	6	4		7	
4		8	7	5	9	1		
7			8	1	2		9	4
	8				5	9	4	6
		2		7		3	1	5
		6	9		3	7	8	2

146.

7	1		8	9		5		4
5	2	9	4	1				
			5		2			9
3	4		6	7				5
	9	1	2	5			4	7
	5		9	4		6		
	3	5	7	8	4			6
			1		9	7	5	3
9		6	3	2	5	4	8	1

147.

8		2		4	5	9		6
6		7		2	3	8	5	1
5					6		2	
2	9	3		7		5	6	4
		8	3	5	4			
	5			9	2		7	8
			4		1			2
4	2	6		8	7	1		3
		1	2		9	7	4	5

148.

8	6	9	1	4				2
		7			3	5		6
5	2	3		7		4		
6	4			1	9	2		
	9	5		8	2		6	
1		2		5	6		4	
2	7	6	8	9	1	3	5	4
	8	4				6		
3	5	1			4	8		7

149.

	6					8		4
9	4				1	2	3	7
2	7	5			3		9	6
4			1			5	6	8
	5	2	6	3	4	9		
6		9	7	8	5	3	4	
1	8	6	3		7	4	2	9
5	9	4			6			3
7							1	

150.

		1	7	6	3	4		
7	6	4			8		1	2
9	8	3			1	5	7	
3		8	5				6	
		9	6	3	7		5	8
5	7		1		2	9	3	4
4	1	2			6	8	9	
		5	2	1		6		
6	9	7					2	

151.

9	1	8	3	7	2		5	
7	6		8			2	3	
2		3	1			8		9
5		2	7	3		9	4	
		7	2		4			8
1	9			5	8		2	7
		9			3	1	6	
8			4	2	6	7	9	
		6		1	7	4	8	

152.

3	9	1			8	7		
2		5						3
	7		3		2	1	8	5
8	6	9	7	1	5		3	
5				3	9			8
	2	3	6	8		5		9
	5			7		3		6
	1	6	8		3	4	5	7
7	3	2		4		8		1

153.

9	8	3					4	1
7	4		9	5	8		3	
6		2	4	3	1	7		9
		5		1			6	7
1		6			3	4		
	7		6		2	1	5	
3		8		4	5	6		
	6	7	3		9		1	4
		9	1	8	6	3	7	

154.

4		8	5	2		9		3
	2	3	8	1	9		4	7
	9			3	6	8		
6	1			8		5		
7	3	9		5				
2			6	9	4	7	3	
9	7				8	2	6	
	4	2		6	5	1	7	
	5	6	1			3	9	4

155.

7			1	6		9		
	5	9		2	3		7	
6	8	4	5	7	9	2	3	1
9	6		7	3	4	5	2	
8					2			3
2		7		1			6	
3	1			5	7	6		
	9	2	3	4	6		8	
4		6	2	8			9	

156.

1	4	3	5	9	2		7	8
			3		8	1		
		2		7	1	5	9	
7	5	4	2	3			6	
3		9	8	1		4	5	
2		8	6	5			3	
8	3					7		6
	7	6	1		3	2	8	
4			7			3	1	9

157.

		8	2					
9		5		1	3		4	7
		1			9			
	5	2	6	3	1		9	4
		6	5	7		8	1	
1	4	7	9		2	5	6	
2			7	9	6	4	8	5
	6	4		2		9	7	1
7	8	9		4		2		6

158.

	3		8				6	
2		8		5		9		3
9					7		2	
8			2	4	9	6	7	5
	9		3	6	1			4
6	4			8	5	3	9	1
3	2	9		7			1	6
1	8	4		2	3			
7	6		9	1		4	3	2

159.

2	7	1	5	4	8	9	3	
5	6		3	1				7
8	9	3		6	2	4		
				5	3	6	7	
7			1	2	6	3	4	9
9		6		8	7		5	
6	4	8		7		1		3
			8		1	5	6	4
1			6					

160.

3		6	1			8	2	
4	9	2	7			1	6	
5	1		9				7	
1	3	7	8					
2		9		6	7	3		
8		4	3	9	1	7		
9	4	5	6	1	3	2		
6	8	1		7		5		4
	2	3		8	4			1

161.

4	3		7			1		6
			8			7	5	4
9		5	6	4	1		2	3
	6		5	8		2	4	
5	2	9			4	6		
	4	7		6	2		3	1
	9	1		3	8	4		
		4	1	5	6			2
2		6				3		8

162.

9		5		1				
	4		5	7	6		3	1
7	1			9		6		4
	8	7		4	3	5		
5		2		8	1	7	4	
		1	7				2	8
	2	9		3	8			5
3			1	5	9	8		2
8	5		4	2	7			3

163.

	4	2	1		5	9		3
1	7	6			3	2	4	5
		5	6		4		7	
	1	9			7			8
			9	4		5	3	
	6			5	8	1	9	
2				3	9		1	4
	3	1	4	8	2	7		9
	5	4				3		2

164.

	9		3	1				4
3			5		8			
4	1	8				5		
5			1	9	2		7	8
	6			5		1		2
1	8	2	6	3	7	9	4	5
		3	2		1	4	5	
	4		9			3	8	
6	5		4		3	2	1	7

165.

8			7		1			9
			9	8			7	
2	9	7	4	6	3			8
		2		9		8	4	
7	3	9		4		1		
4	8		5		2	9	3	7
6	7	8	1		9	4	2	3
		3			8	6	9	
	2			3	4			1

166.

3	1				7			4
	6	4			8	9		
9	2	8	1	3	4	6	7	
6	8	7		9		3	4	2
	3			4	6			
4	5	1	3	8		7	9	
	9				5		6	
8	4	3				1	5	7
			4	1			8	9

167.

	2	1	5	7	3			
	3		9	4	1			5
7	4						1	
	5	6		3	9	1		7
4	7	9	1			5		8
8	1	3	7			6		
	8	4		9	6		7	
		2	4	8		3		6
3	6	7	2	1				9

168.

8	5			3		4		1
7	2			9	1			
		3	4					2
3		2	5		8	7		4
6	8		9	1	4		5	3
4		5	7			6	9	8
9		8	6	5	2	1		7
2	3			8	7			
	7	1				8	2	

169.

	4		9		5	6	1	
	9	5	3	6				
1	6				7	3	5	9
4	5	7		3	8	1	9	6
3	2		7	9		5		
	8	9	1			2	3	7
9		6		1		7		
2	1	4				8	6	
5			6			9		

170.

1	2	3		8				4
7	8		3	2		5	6	1
	6	9		1		3	2	
	9		1	7		8	3	6
3	5	7		6	8	2	1	
8				9	3	4		
	3					9	4	
	7	8				6		
9	4	5	6	3				7

171.

4	3		9	5			7	
8			1	6		4	2	5
2					4	3		9
3	4	9	6	1	5			2
			4	3		9	1	6
	7	1		2	9	5		
	8			4		6		7
7	5	3		9				1
1	6				8		9	3

172.

9	8	6	2	5			4	1
1	2	7	9	4				3
			7	6				8
5	7			3	6			
	1	9	5			8		
			1			4	5	7
8	4	1		9	2	3	7	5
			8		4	9	1	2
7	9	2	3					4

173.

	3		4		5	6	7	9
7	2	4	9		8		1	
6	5		7	1	3			
2	4	6		5	9		8	1
	7	8			1	3	9	
	9	3	6	8	7	2		
3		2				9	6	5
	6						3	
		5	1	3	6			

174.

2	6		7	4				
			2	8				6
7	4	1			6			
6	8		4	7	5		1	9
			6					5
3	5	4		9				
8		6	3	1	4	2	5	7
	7	5		6	2		9	3
1	2	3	9		7	8	6	4

175.

5			1		6			
2	3	6	5			1		8
			4		8			6
1				8	3	4		5
		8	9	4		3		
3		7	6	5			8	
4		3	8	1	5	2	7	9
7	1	9	2		4	8	5	
	2		3	9		6	1	

176.

9	7		8	2			5	
	6		9			1	2	7
	5		4	7	6	3		
7		1		9			3	4
2	9		3	8	4		7	
4	3			6				2
5	4	7				8		
6	1	8		5	3		4	9
			6	4		7	1	5

177.

	6	9		1	8	7		
	1	2	9					
8	4		5	6		1		
7		3	1	9	5			4
6		1		7		9		2
4	9		6		2	3		7
		8		5	1		3	6
2	5	6	8		9			
1		4		2		8	9	5

178.

		6			7	8		5
		2		3	8			6
7	8	5		6		3	1	9
4	5	9	1	7		2	6	
2	6	1	4					
8								
	9	8	3		2	6		1
6		7		5	1		9	3
1	3		7		6	5	8	2

179.

5	1	7		3	4	9		2
3		4	2	1	6	8		7
8	6		7	9	5			1
						1		
			3	2		6	9	4
6		9	5				2	8
4	3			5				9
9		8	4		7	2		3
	2	1	9	8			4	

180.

3			4	5		7	9	
	4		6				8	2
		6	3	8	9		4	5
	3	5	2				7	1
				7		4		
			5	4	3			9
	5	3		6	4	9	1	8
	8		9	2	5	6		7
	6		8	3	1	5	2	4

181.

	2		7		8	5		
8	3		9		1			
6	1		4		5	9	8	3
3	5	8	1	4	7	6		9
			3	8	6	1	5	
1	4		2	5		7	3	
	6	9			2		7	
	8				3	4	9	2
		3				8		1

182.

		5			9		1	8
1	7	9		8	3	2	5	
	6	3	2		5	7	4	9
	9	1	5	7			8	
	8	2	1	3		9		5
7		6					3	
9		7				8	2	4
		4						
5	2	8		4	7	1	6	3

183.

		3		8		4	5	
9	4	7	3		2	6	1	
1					4	2		9
	1			3	8			6
7		8	2	9	6		4	1
	3	9		4	1		2	
	7		9	2				
	2	1	8	6	3	7		4
		6			7	5	8	2

184.

9			4	2		5	8	7
3	7	2	5	6	8	1	4	9
		5	7				6	
	5	8	9				3	1
6	9				7	4		
	4		6	1	5	9	7	
1		7	2	3			5	4
5	2				4			6
		4		5	6			

185.

	6	8		4				
					7	8	9	6
7			8		9	5	2	4
3	4		9				6	
6			4	7		1		3
5		7	6		1	9	4	8
4		6			3	2	8	1
	9		7		6	4	3	5
	3	5	1		4		7	

186.

3	4	1	5			6		
6		7	9			5		
9	8	5		3	6	4		2
4	9	8		6	7		5	1
			4	9	2	8		7
		3			5			
	1	9	2	7	4	3	6	
	3			1				5
7	6	2	8				9	4

187.

		8		4	3	2	9	6
6	9					3		
2	5	3	6	8	9		4	
3		1	8				6	
8		5	3		1			7
			4	6	5		8	
5	1	2				8		4
	8	6		2		9	3	
4		9	7	5	8	6	1	

188.

	3		2	6	4	1		
9	4	5			1		6	
1	6	2	7	9		4		3
	2	8					4	1
5		6			2	8	7	9
7	9	4		5	8			
	5	3			7		2	8
		1	4		9	3		6
6	8			2				4

189.

8	4	3	9	1			2	
1	5	9			2			7
			8	5			9	
		5		4		7	8	2
		7	2	6	5			4
9	2		1			6		3
4		2		9	6	1		
	6	8	7	2		4	3	
7		1		8	3		6	5

190.

	2	1					8	5
7					2	4		
	4		6	8	1			9
	8				3		4	
	1	2	8	9			6	7
		7	2		4	1	5	
1	7	6		2	9	8	3	4
	3	4		7	8		9	6
8		9		4	6		2	1

191.

	1	5		2	4	7		8
9	4	2	6		7	3	1	5
		6	5					
	5	9	1		6	8		
2		3	7		9	6		
7				4				9
5		4				9	7	
	9	8	3	7				6
6	2	7	4	9	5	1	8	

192.

				3	1		9	
2	1	3	5		9	4	6	
	5	7	6	8		1		2
7			4	9	8	3	5	1
5				1	2			
3	9	1	7			2		
1	2	8		5			4	
		5				8	2	9
	3		8	2		7	1	5

193.

5		8	3	4				6
6	1	3		8	7	9		
4	7			1			8	2
3	8	5	1		4	6	9	
	6	2		9				
1	9		7			8		5
	3				1	5	4	8
9		6				7		3
8	5			7	3	2	6	

194.

	1	7		5			6	2
3	6	4		7	9			
5	8	2	3	1		7	9	
	4		1	6		8	2	
2	9		7	8			5	1
		1	9		4	6	7	
1	7				2	9	3	
		9			1	5		7
4			6	9				8

195.

4		2	7		6	9		
7	1			5	9		3	
	5	9	1	2			4	6
		3	9	4	5		6	7
			3			5		8
5	6	1	2		8		9	
3	2		5	9		6		1
			8	1	2		7	4
1	7		6	3				

196.

6	2	7	4	9	5		3	
9	4		1	3				
8	1			2	7	9		
	5	9	7	8			6	
		4	5	6				
	8	6	3		1		2	
				1	6	3	5	2
5	9		8				1	4
3	6	1	2		4	8		7

197.

5	7	4		6			3	2
6	9				3	1	7	
		1	7				6	
9	5	3		1	8	2	4	
	1	6	5	2	4	3	9	
4	8	2	3			5	1	6
	6		4	5			8	
3					9		2	
8			1			4		9

198.

2	1			4	5		8	
5	3		7	2				6
	8	6			1	5	4	2
		2				8		9
				8	9		2	
6	9	8	2		4	1		
					6	4	5	8
8		1	4	5	2	3		7
3	4	5	8		7		6	1

199.

	3	5					7	
2				3		9	6	5
6	9	7	2		5	1	4	3
5		8	6	1			9	
			4	7				
7	4	3	9		2	6		
3	7	6	8	4			2	9
		4	3		7	8		
	1	2	5	6	9	4		

200.

			7	6	4		5	
8		6	9	3	5	1	2	7
9	5	7				6	4	3
5	1	9	3	4	2			6
			5	7		2		
6					1	4		5
7	6	5	2			3	8	
4				8	7		9	
2			4			7		1

Solutions

1.

4	3	9	6	1	2	5	8	7
1	6	8	4	7	5	3	2	9
7	2	5	3	9	8	1	6	4
9	1	4	8	6	7	2	5	3
5	8	6	9	2	3	4	7	1
3	7	2	5	4	1	6	9	8
6	9	3	2	8	4	7	1	5
8	5	7	1	3	6	9	4	2
2	4	1	7	5	9	8	3	6

2.

5	2	6	4	9	1	8	7	3
4	9	7	6	3	8	5	2	1
8	1	3	2	5	7	9	4	6
7	8	1	9	4	6	3	5	2
2	6	9	5	8	3	7	1	4
3	5	4	7	1	2	6	9	8
6	7	5	8	2	4	1	3	9
1	4	8	3	7	9	2	6	5
9	3	2	1	6	5	4	8	7

3.

3	8	1	4	9	7	6	5	2
7	2	9	8	6	5	3	4	1
5	4	6	2	3	1	9	7	8
2	5	7	1	8	9	4	6	3
4	1	3	5	7	6	2	8	9
6	9	8	3	4	2	5	1	7
9	6	4	7	1	3	8	2	5
8	7	2	9	5	4	1	3	6
1	3	5	6	2	8	7	9	4

4.

4	9	1	8	2	7	6	5	3
7	6	8	9	5	3	1	2	4
3	2	5	6	1	4	8	9	7
5	8	6	3	7	1	2	4	9
2	4	3	5	8	9	7	6	1
9	1	7	4	6	2	5	3	8
6	5	4	7	3	8	9	1	2
1	7	9	2	4	6	3	8	5
8	3	2	1	9	5	4	7	6

5.

7	3	1	8	2	6	9	5	4
9	4	5	3	7	1	2	8	6
8	6	2	9	4	5	7	1	3
1	9	8	2	5	3	4	6	7
4	2	3	7	6	8	1	9	5
5	7	6	4	1	9	8	3	2
6	1	4	5	8	2	3	7	9
3	5	7	1	9	4	6	2	8
2	8	9	6	3	7	5	4	1

6.

4	5	1	7	6	8	3	2	9
9	3	8	4	1	2	6	5	7
6	7	2	5	3	9	1	4	8
5	2	3	6	9	4	7	8	1
8	1	9	3	2	7	5	6	4
7	6	4	1	8	5	2	9	3
3	8	5	9	7	6	4	1	2
2	4	7	8	5	1	9	3	6
1	9	6	2	4	3	8	7	5

7.

8	6	7	5	3	9	2	1	4
1	3	9	8	4	2	7	6	5
2	4	5	7	1	6	9	3	8
7	9	6	2	5	3	8	4	1
3	5	1	9	8	4	6	7	2
4	2	8	1	6	7	3	5	9
6	1	2	3	9	5	4	8	7
5	7	3	4	2	8	1	9	6
9	8	4	6	7	1	5	2	3

8.

7	1	2	9	4	3	5	6	8
8	5	3	6	1	2	7	4	9
6	4	9	7	8	5	2	3	1
3	6	5	4	2	8	9	1	7
1	9	7	3	5	6	4	8	2
2	8	4	1	7	9	3	5	6
4	3	6	2	9	1	8	7	5
5	2	1	8	3	7	6	9	4
9	7	8	5	6	4	1	2	3

9.

4	5	2	6	9	3	8	1	7
8	9	1	2	5	7	6	4	3
6	3	7	4	8	1	9	2	5
9	4	5	3	1	8	7	6	2
3	1	6	7	2	5	4	9	8
2	7	8	9	6	4	5	3	1
1	2	9	8	7	6	3	5	4
7	6	3	5	4	2	1	8	9
5	8	4	1	3	9	2	7	6

10.

4	8	7	2	1	9	6	5	3
3	9	5	7	4	6	2	1	8
6	2	1	8	5	3	7	4	9
5	6	9	4	2	8	3	7	1
8	3	2	9	7	1	5	6	4
7	1	4	6	3	5	9	8	2
1	7	8	5	9	2	4	3	6
2	5	6	3	8	4	1	9	7
9	4	3	1	6	7	8	2	5

11.

4	7	3	8	6	9	1	5	2
6	1	8	4	2	5	7	3	9
2	5	9	3	1	7	4	6	8
3	9	1	7	4	2	5	8	6
7	2	6	9	5	8	3	4	1
5	8	4	1	3	6	9	2	7
1	6	2	5	9	3	8	7	4
9	3	7	6	8	4	2	1	5
8	4	5	2	7	1	6	9	3

12.

4	5	8	1	9	7	6	3	2
9	6	3	8	4	2	1	5	7
1	7	2	6	5	3	4	9	8
6	2	4	5	1	9	8	7	3
7	8	5	2	3	6	9	1	4
3	1	9	7	8	4	5	2	6
8	9	7	3	6	5	2	4	1
5	3	6	4	2	1	7	8	9
2	4	1	9	7	8	3	6	5

13.

8	4	3	7	6	9	1	2	5
5	1	7	4	3	2	6	9	8
6	2	9	8	5	1	7	4	3
1	7	6	5	2	3	9	8	4
9	5	8	6	1	4	3	7	2
4	3	2	9	8	7	5	6	1
7	9	5	1	4	8	2	3	6
3	8	1	2	9	6	4	5	7
2	6	4	3	7	5	8	1	9

14.

1	2	9	3	8	7	6	4	5
6	5	8	4	2	9	1	7	3
3	7	4	1	6	5	2	8	9
4	6	1	7	5	8	9	3	2
9	3	7	2	1	4	5	6	8
2	8	5	9	3	6	7	1	4
5	1	2	8	7	3	4	9	6
8	9	6	5	4	1	3	2	7
7	4	3	6	9	2	8	5	1

15.

2	6	1	5	3	7	4	8	9
5	4	8	1	6	9	7	2	3
7	9	3	4	2	8	1	5	6
3	8	7	9	1	5	2	6	4
6	2	9	8	4	3	5	7	1
1	5	4	2	7	6	9	3	8
9	7	5	3	8	4	6	1	2
4	3	2	6	5	1	8	9	7
8	1	6	7	9	2	3	4	5

16.

9	1	3	5	4	7	6	2	8
7	6	8	3	9	2	4	1	5
4	2	5	1	6	8	7	3	9
6	4	1	7	5	3	9	8	2
3	7	9	8	2	6	1	5	4
8	5	2	9	1	4	3	6	7
5	3	4	6	8	9	2	7	1
1	9	7	2	3	5	8	4	6
2	8	6	4	7	1	5	9	3

17.

7	5	2	4	8	6	1	3	9
4	6	1	7	9	3	2	8	5
8	3	9	2	1	5	7	4	6
2	9	3	1	7	8	6	5	4
1	4	7	5	6	9	8	2	3
5	8	6	3	2	4	9	1	7
3	2	8	6	4	7	5	9	1
9	7	4	8	5	1	3	6	2
6	1	5	9	3	2	4	7	8

18.

9	7	6	3	1	8	5	2	4
8	3	4	9	5	2	6	7	1
2	1	5	6	7	4	8	3	9
5	8	2	7	3	1	4	9	6
3	6	7	4	9	5	2	1	8
4	9	1	2	8	6	7	5	3
6	5	9	8	2	3	1	4	7
7	2	8	1	4	9	3	6	5
1	4	3	5	6	7	9	8	2

19.

9	7	3	8	1	6	4	5	2
4	2	8	9	7	5	6	1	3
6	5	1	2	3	4	8	7	9
5	4	6	7	8	3	2	9	1
8	1	9	6	5	2	3	4	7
2	3	7	4	9	1	5	8	6
1	6	2	5	4	7	9	3	8
3	9	5	1	2	8	7	6	4
7	8	4	3	6	9	1	2	5

20.

7	4	3	9	6	8	1	5	2
1	5	2	3	7	4	6	8	9
8	9	6	2	5	1	4	3	7
2	6	9	4	3	7	5	1	8
4	3	7	1	8	5	2	9	6
5	1	8	6	2	9	7	4	3
3	8	5	7	1	6	9	2	4
9	7	1	8	4	2	3	6	5
6	2	4	5	9	3	8	7	1

21.

9	1	7	8	6	4	3	2	5
4	6	2	9	5	3	1	7	8
8	5	3	7	2	1	4	6	9
6	3	9	1	8	5	2	4	7
7	8	4	6	9	2	5	3	1
1	2	5	4	3	7	9	8	6
5	4	1	2	7	6	8	9	3
3	7	8	5	4	9	6	1	2
2	9	6	3	1	8	7	5	4

22.

2	3	8	9	1	4	5	6	7
4	5	9	3	6	7	1	2	8
1	7	6	5	8	2	3	4	9
5	8	3	1	4	9	2	7	6
6	9	2	7	5	3	8	1	4
7	1	4	8	2	6	9	5	3
9	2	1	6	7	8	4	3	5
3	6	5	4	9	1	7	8	2
8	4	7	2	3	5	6	9	1

23.

8	4	2	5	7	6	9	3	1
9	1	7	2	4	3	6	8	5
5	6	3	1	8	9	2	4	7
7	2	5	3	6	8	4	1	9
1	3	6	9	2	4	5	7	8
4	8	9	7	5	1	3	6	2
2	9	8	6	3	7	1	5	4
3	7	1	4	9	5	8	2	6
6	5	4	8	1	2	7	9	3

24.

1	3	2	9	8	7	6	5	4
4	5	9	3	1	6	2	8	7
7	8	6	2	5	4	3	1	9
6	1	8	5	4	2	7	9	3
5	4	7	1	9	3	8	2	6
2	9	3	7	6	8	5	4	1
3	2	4	8	7	9	1	6	5
9	7	5	6	2	1	4	3	8
8	6	1	4	3	5	9	7	2

25.

8	5	7	9	4	6	1	3	2
2	6	9	1	3	8	7	4	5
3	1	4	2	5	7	8	6	9
9	8	2	5	1	4	3	7	6
6	4	1	7	2	3	9	5	8
5	7	3	8	6	9	4	2	1
4	9	8	6	7	5	2	1	3
7	2	5	3	9	1	6	8	4
1	3	6	4	8	2	5	9	7

26.

7	5	6	1	8	4	2	9	3
1	8	2	7	3	9	6	5	4
9	3	4	5	6	2	1	8	7
8	1	5	3	4	6	7	2	9
4	6	9	2	1	7	8	3	5
2	7	3	9	5	8	4	6	1
6	4	1	8	9	3	5	7	2
5	9	7	6	2	1	3	4	8
3	2	8	4	7	5	9	1	6

27.

1	4	5	7	8	9	3	2	6
9	7	3	5	2	6	1	8	4
8	2	6	4	3	1	9	7	5
6	1	9	2	4	5	7	3	8
7	3	4	1	9	8	5	6	2
5	8	2	6	7	3	4	1	9
3	9	7	8	5	2	6	4	1
4	6	8	9	1	7	2	5	3
2	5	1	3	6	4	8	9	7

28.

9	4	7	8	2	5	1	3	6
3	5	6	1	4	7	9	2	8
1	2	8	6	3	9	4	7	5
6	9	1	2	8	4	3	5	7
5	8	3	7	1	6	2	9	4
2	7	4	5	9	3	6	8	1
8	6	2	9	7	1	5	4	3
4	1	9	3	5	8	7	6	2
7	3	5	4	6	2	8	1	9

29.

7	6	8	4	9	5	2	3	1
9	2	1	6	3	7	5	4	8
4	5	3	2	1	8	7	9	6
6	3	2	5	8	9	4	1	7
5	4	7	1	2	3	8	6	9
1	8	9	7	4	6	3	2	5
2	9	5	8	6	4	1	7	3
8	1	6	3	7	2	9	5	4
3	7	4	9	5	1	6	8	2

30.

6	7	3	2	1	5	8	9	4
8	4	9	6	7	3	5	2	1
2	5	1	8	4	9	3	6	7
3	8	2	1	5	7	9	4	6
9	6	5	3	2	4	7	1	8
7	1	4	9	6	8	2	5	3
4	2	7	5	8	6	1	3	9
5	3	6	7	9	1	4	8	2
1	9	8	4	3	2	6	7	5

31.

3	1	2	4	6	8	9	7	5
8	6	5	7	9	1	4	3	2
9	7	4	3	2	5	6	8	1
4	8	9	2	3	7	1	5	6
1	5	6	9	8	4	7	2	3
2	3	7	5	1	6	8	9	4
6	4	3	8	5	9	2	1	7
5	9	1	6	7	2	3	4	8
7	2	8	1	4	3	5	6	9

32.

4	1	8	5	2	6	3	7	9
6	5	9	4	3	7	8	1	2
2	7	3	1	8	9	4	6	5
9	2	6	3	1	8	7	5	4
1	3	7	9	5	4	6	2	8
8	4	5	6	7	2	9	3	1
3	8	1	7	9	5	2	4	6
5	6	2	8	4	3	1	9	7
7	9	4	2	6	1	5	8	3

33.

6	2	9	5	4	1	8	3	7
3	8	5	7	9	2	1	4	6
4	1	7	3	6	8	5	9	2
5	4	2	9	7	6	3	1	8
7	3	8	1	2	4	6	5	9
1	9	6	8	5	3	7	2	4
9	5	1	2	8	7	4	6	3
2	7	4	6	3	5	9	8	1
8	6	3	4	1	9	2	7	5

34.

1	5	3	4	8	6	2	9	7
4	6	8	7	2	9	1	3	5
9	2	7	1	3	5	4	6	8
5	8	2	3	4	1	9	7	6
6	7	1	9	5	2	8	4	3
3	4	9	8	6	7	5	2	1
7	9	6	5	1	4	3	8	2
8	1	4	2	7	3	6	5	9
2	3	5	6	9	8	7	1	4

35.

9	3	1	4	5	7	2	8	6
7	6	2	1	3	8	9	4	5
5	4	8	6	2	9	7	3	1
1	9	7	3	8	4	6	5	2
6	8	4	5	9	2	3	1	7
2	5	3	7	6	1	4	9	8
8	1	9	2	7	3	5	6	4
4	7	6	9	1	5	8	2	3
3	2	5	8	4	6	1	7	9

36.

1	7	4	5	2	6	9	8	3
2	9	5	1	3	8	7	4	6
6	3	8	7	4	9	1	5	2
5	6	7	4	9	2	3	1	8
4	8	1	6	7	3	5	2	9
9	2	3	8	1	5	6	7	4
3	4	2	9	5	1	8	6	7
7	5	6	3	8	4	2	9	1
8	1	9	2	6	7	4	3	5

37.

2	7	3	8	5	1	6	9	4
8	9	6	2	4	3	5	7	1
5	4	1	9	6	7	8	3	2
1	2	5	4	3	6	9	8	7
4	3	8	1	7	9	2	6	5
9	6	7	5	2	8	4	1	3
3	8	2	7	9	4	1	5	6
6	1	4	3	8	5	7	2	9
7	5	9	6	1	2	3	4	8

38.

6	2	7	3	4	9	5	8	1
9	5	4	6	8	1	2	3	7
8	1	3	5	2	7	6	4	9
3	6	8	1	5	4	9	7	2
4	9	2	8	7	6	3	1	5
1	7	5	9	3	2	8	6	4
7	8	6	4	9	5	1	2	3
2	3	9	7	1	8	4	5	6
5	4	1	2	6	3	7	9	8

39.

7	4	5	1	6	9	3	8	2
2	3	6	5	4	8	9	1	7
9	1	8	2	3	7	6	5	4
6	5	1	3	8	4	2	7	9
3	9	4	7	5	2	1	6	8
8	7	2	9	1	6	5	4	3
4	8	3	6	9	1	7	2	5
1	2	9	4	7	5	8	3	6
5	6	7	8	2	3	4	9	1

40.

5	8	3	9	4	7	1	6	2
6	9	7	1	5	2	3	4	8
4	1	2	6	8	3	9	7	5
8	6	9	3	7	1	2	5	4
7	2	1	5	6	4	8	3	9
3	5	4	2	9	8	7	1	6
1	3	5	8	2	6	4	9	7
9	7	8	4	3	5	6	2	1
2	4	6	7	1	9	5	8	3

41.

3	9	5	2	7	8	4	1	6
8	7	1	4	6	9	2	3	5
2	4	6	1	3	5	7	8	9
9	6	7	5	4	3	8	2	1
1	8	2	7	9	6	3	5	4
4	5	3	8	1	2	6	9	7
6	3	8	9	5	7	1	4	2
7	1	9	3	2	4	5	6	8
5	2	4	6	8	1	9	7	3

42.

9	2	7	4	3	5	6	1	8
6	4	8	1	2	9	5	3	7
3	5	1	8	7	6	9	4	2
7	1	2	3	9	4	8	6	5
8	6	5	7	1	2	3	9	4
4	9	3	5	6	8	7	2	1
1	8	9	6	4	7	2	5	3
2	7	4	9	5	3	1	8	6
5	3	6	2	8	1	4	7	9

43.

2	5	9	3	4	7	6	8	1
4	3	6	5	8	1	7	9	2
1	8	7	6	9	2	5	4	3
3	2	8	4	1	6	9	7	5
5	7	1	8	3	9	4	2	6
6	9	4	2	7	5	3	1	8
9	6	5	1	2	4	8	3	7
8	4	2	7	6	3	1	5	9
7	1	3	9	5	8	2	6	4

44.

1	8	7	5	6	2	3	4	9
2	6	5	3	9	4	8	7	1
9	3	4	7	8	1	5	2	6
8	5	9	2	1	7	4	6	3
7	2	6	4	3	9	1	5	8
3	4	1	6	5	8	2	9	7
5	7	8	1	2	6	9	3	4
4	9	2	8	7	3	6	1	5
6	1	3	9	4	5	7	8	2

45.

3	5	8	9	2	7	6	1	4
6	4	9	1	3	5	7	2	8
2	7	1	6	4	8	3	9	5
4	9	5	8	6	2	1	7	3
7	8	6	4	1	3	9	5	2
1	2	3	5	7	9	8	4	6
9	6	2	3	5	1	4	8	7
8	3	7	2	9	4	5	6	1
5	1	4	7	8	6	2	3	9

46.

2	6	4	3	5	8	1	9	7
3	7	9	2	4	1	8	6	5
1	8	5	7	9	6	3	2	4
7	2	1	9	3	5	6	4	8
9	5	6	1	8	4	2	7	3
4	3	8	6	7	2	5	1	9
6	9	3	8	1	7	4	5	2
8	4	2	5	6	9	7	3	1
5	1	7	4	2	3	9	8	6

47.

7	5	4	6	9	3	8	1	2
2	8	9	4	7	1	3	6	5
6	3	1	8	2	5	4	9	7
3	9	7	5	1	6	2	8	4
1	4	8	9	3	2	5	7	6
5	6	2	7	8	4	1	3	9
8	2	5	1	6	7	9	4	3
4	1	6	3	5	9	7	2	8
9	7	3	2	4	8	6	5	1

48.

8	9	1	2	5	3	7	6	4
2	5	3	7	4	6	1	8	9
4	7	6	8	9	1	3	5	2
3	1	9	5	2	8	6	4	7
6	8	2	1	7	4	9	3	5
5	4	7	3	6	9	2	1	8
1	6	4	9	8	7	5	2	3
7	2	8	6	3	5	4	9	1
9	3	5	4	1	2	8	7	6

49.

3	7	9	8	1	2	4	5	6
2	6	4	7	3	5	9	1	8
1	8	5	4	9	6	3	7	2
8	1	2	3	7	9	5	6	4
4	5	7	2	6	1	8	9	3
6	9	3	5	4	8	7	2	1
9	3	8	6	2	7	1	4	5
7	4	6	1	5	3	2	8	9
5	2	1	9	8	4	6	3	7

50.

5	3	1	2	6	9	7	8	4
6	9	4	5	8	7	1	2	3
7	8	2	3	4	1	9	5	6
1	2	9	6	3	5	4	7	8
4	7	5	1	2	8	6	3	9
3	6	8	7	9	4	2	1	5
8	4	7	9	5	2	3	6	1
9	1	3	8	7	6	5	4	2
2	5	6	4	1	3	8	9	7

51.

4	7	9	3	6	5	8	1	2
8	2	3	4	9	1	7	6	5
1	5	6	2	7	8	4	9	3
3	6	8	5	1	4	2	7	9
5	9	1	7	2	6	3	4	8
7	4	2	9	8	3	6	5	1
2	8	5	1	4	7	9	3	6
6	1	7	8	3	9	5	2	4
9	3	4	6	5	2	1	8	7

52.

5	1	6	4	9	2	7	3	8
3	8	9	5	7	6	1	4	2
2	4	7	1	3	8	5	9	6
1	6	5	3	8	9	4	2	7
9	3	2	6	4	7	8	1	5
8	7	4	2	1	5	3	6	9
6	2	3	7	5	1	9	8	4
7	9	1	8	2	4	6	5	3
4	5	8	9	6	3	2	7	1

53.

6	4	3	8	9	5	7	2	1
7	2	9	6	4	1	8	5	3
1	5	8	7	2	3	4	9	6
8	9	6	5	1	2	3	4	7
2	7	4	3	6	8	9	1	5
5	3	1	4	7	9	6	8	2
4	6	2	1	8	7	5	3	9
3	1	7	9	5	4	2	6	8
9	8	5	2	3	6	1	7	4

54.

5	7	8	3	6	4	1	2	9
1	4	2	8	7	9	5	3	6
3	9	6	1	2	5	8	4	7
6	1	7	5	8	3	2	9	4
2	3	4	7	9	1	6	5	8
9	8	5	2	4	6	3	7	1
8	5	1	9	3	7	4	6	2
4	2	9	6	5	8	7	1	3
7	6	3	4	1	2	9	8	5

55.

6	1	7	2	4	9	3	8	5
9	8	3	5	7	1	2	6	4
5	2	4	8	3	6	9	1	7
2	3	9	1	8	4	5	7	6
4	5	6	9	2	7	8	3	1
1	7	8	3	6	5	4	2	9
3	9	1	7	5	2	6	4	8
7	4	2	6	9	8	1	5	3
8	6	5	4	1	3	7	9	2

56.

4	7	1	8	5	9	6	2	3
9	2	5	1	3	6	8	4	7
6	8	3	2	7	4	1	9	5
1	6	2	9	8	5	7	3	4
3	5	8	7	4	2	9	6	1
7	4	9	6	1	3	2	5	8
5	1	6	3	2	7	4	8	9
8	9	4	5	6	1	3	7	2
2	3	7	4	9	8	5	1	6

57.

9	5	4	2	1	3	8	6	7
1	8	7	9	6	5	4	2	3
3	2	6	4	7	8	1	5	9
7	1	2	3	4	9	6	8	5
5	9	3	6	8	1	7	4	2
6	4	8	7	5	2	3	9	1
8	6	5	1	2	7	9	3	4
4	3	1	5	9	6	2	7	8
2	7	9	8	3	4	5	1	6

58.

9	7	4	2	6	5	3	8	1
5	8	1	4	9	3	6	7	2
3	2	6	1	7	8	9	4	5
2	9	5	8	1	6	4	3	7
8	6	3	5	4	7	2	1	9
1	4	7	9	3	2	8	5	6
6	1	2	7	8	4	5	9	3
4	5	9	3	2	1	7	6	8
7	3	8	6	5	9	1	2	4

59.

2	6	7	1	4	8	3	9	5
9	8	1	5	6	3	4	2	7
4	5	3	9	2	7	6	1	8
7	4	5	6	8	2	9	3	1
1	9	2	3	7	5	8	6	4
6	3	8	4	1	9	5	7	2
3	1	6	7	5	4	2	8	9
5	2	9	8	3	1	7	4	6
8	7	4	2	9	6	1	5	3

60.

7	2	4	3	5	6	8	9	1
8	3	5	4	9	1	7	2	6
9	1	6	8	2	7	4	5	3
4	6	9	1	7	8	5	3	2
3	7	8	2	6	5	9	1	4
1	5	2	9	3	4	6	7	8
5	9	1	6	8	3	2	4	7
2	8	3	7	4	9	1	6	5
6	4	7	5	1	2	3	8	9

61.

1	4	8	5	2	3	6	9	7
9	3	7	4	8	6	1	2	5
2	5	6	9	1	7	3	4	8
5	9	4	3	6	2	7	8	1
3	8	1	7	9	4	2	5	6
6	7	2	1	5	8	4	3	9
8	2	9	6	3	1	5	7	4
7	6	3	8	4	5	9	1	2
4	1	5	2	7	9	8	6	3

62.

8	9	6	4	1	2	5	3	7
4	1	2	3	5	7	8	9	6
5	3	7	9	6	8	4	1	2
3	6	8	2	9	5	7	4	1
2	4	1	6	7	3	9	8	5
9	7	5	1	8	4	6	2	3
1	8	4	5	3	6	2	7	9
6	2	9	7	4	1	3	5	8
7	5	3	8	2	9	1	6	4

63.

1	7	9	2	5	8	6	4	3
6	5	2	4	7	3	9	1	8
8	4	3	1	9	6	2	5	7
7	3	5	6	1	9	8	2	4
4	8	6	3	2	7	1	9	5
9	2	1	8	4	5	7	3	6
3	6	4	9	8	1	5	7	2
5	9	8	7	3	2	4	6	1
2	1	7	5	6	4	3	8	9

64.

6	8	2	7	4	1	5	9	3
5	3	1	6	8	9	4	7	2
9	4	7	5	2	3	1	8	6
8	5	3	2	7	4	6	1	9
1	7	6	8	9	5	3	2	4
4	2	9	3	1	6	7	5	8
2	1	5	4	3	8	9	6	7
3	6	8	9	5	7	2	4	1
7	9	4	1	6	2	8	3	5

65.

2	9	4	5	8	6	1	3	7
8	1	6	9	3	7	2	4	5
3	7	5	4	1	2	9	6	8
5	8	3	1	4	9	6	7	2
6	2	1	7	5	8	4	9	3
9	4	7	6	2	3	5	8	1
1	3	2	8	6	4	7	5	9
4	5	9	3	7	1	8	2	6
7	6	8	2	9	5	3	1	4

66.

9	1	4	6	2	7	8	3	5
6	2	8	9	3	5	7	4	1
7	3	5	4	8	1	6	2	9
4	5	6	1	9	3	2	8	7
2	7	9	8	4	6	5	1	3
3	8	1	5	7	2	9	6	4
8	9	2	7	1	4	3	5	6
1	6	7	3	5	8	4	9	2
5	4	3	2	6	9	1	7	8

67.

4	1	9	3	2	8	7	6	5
3	5	2	9	6	7	1	4	8
7	6	8	4	5	1	3	2	9
5	9	6	8	7	3	2	1	4
1	8	3	6	4	2	5	9	7
2	4	7	5	1	9	6	8	3
9	2	4	7	3	6	8	5	1
6	3	5	1	8	4	9	7	2
8	7	1	2	9	5	4	3	6

68.

2	5	7	9	1	4	3	8	6
6	4	1	8	2	3	5	9	7
8	9	3	7	5	6	2	4	1
7	8	5	2	6	9	1	3	4
3	1	2	4	8	7	6	5	9
9	6	4	1	3	5	7	2	8
1	3	8	6	4	2	9	7	5
5	7	6	3	9	8	4	1	2
4	2	9	5	7	1	8	6	3

69.

2	8	5	1	4	7	9	3	6
7	4	9	5	3	6	1	2	8
6	1	3	2	8	9	7	5	4
3	5	6	7	9	4	2	8	1
8	9	2	3	1	5	6	4	7
1	7	4	6	2	8	5	9	3
9	2	1	4	6	3	8	7	5
4	6	7	8	5	2	3	1	9
5	3	8	9	7	1	4	6	2

70.

8	4	5	1	3	9	6	2	7
3	7	6	4	2	8	1	5	9
2	1	9	6	7	5	4	3	8
9	2	7	5	6	3	8	1	4
5	6	3	8	1	4	7	9	2
1	8	4	7	9	2	5	6	3
7	5	2	9	8	1	3	4	6
6	9	1	3	4	7	2	8	5
4	3	8	2	5	6	9	7	1

71.

1	9	2	4	8	7	3	5	6
4	8	3	2	5	6	1	7	9
7	5	6	9	1	3	8	2	4
9	7	5	3	2	8	6	4	1
3	2	4	5	6	1	7	9	8
8	6	1	7	9	4	2	3	5
6	4	7	8	3	5	9	1	2
2	3	8	1	4	9	5	6	7
5	1	9	6	7	2	4	8	3

72.

7	4	6	1	8	9	5	2	3
8	2	9	4	5	3	1	6	7
3	5	1	7	2	6	4	9	8
6	7	5	3	4	8	9	1	2
2	3	8	5	9	1	7	4	6
1	9	4	6	7	2	8	3	5
5	6	2	9	1	7	3	8	4
9	8	7	2	3	4	6	5	1
4	1	3	8	6	5	2	7	9

73.

3	5	9	1	7	4	2	8	6
2	4	1	9	6	8	7	3	5
7	6	8	2	5	3	9	1	4
4	3	7	8	9	1	5	6	2
6	8	2	7	4	5	3	9	1
9	1	5	3	2	6	8	4	7
1	2	6	5	3	9	4	7	8
8	7	3	4	1	2	6	5	9
5	9	4	6	8	7	1	2	3

74.

4	1	8	9	5	6	3	7	2
3	9	2	4	1	7	8	6	5
7	6	5	2	3	8	1	9	4
9	2	6	7	4	1	5	8	3
8	7	1	3	6	5	2	4	9
5	3	4	8	2	9	7	1	6
6	4	3	1	8	2	9	5	7
1	5	7	6	9	3	4	2	8
2	8	9	5	7	4	6	3	1

75.

9	8	6	5	7	1	3	2	4
4	2	1	8	9	3	5	7	6
5	3	7	4	2	6	9	8	1
8	4	5	7	3	9	1	6	2
1	7	3	2	6	5	8	4	9
2	6	9	1	8	4	7	3	5
3	5	4	6	1	7	2	9	8
7	1	8	9	4	2	6	5	3
6	9	2	3	5	8	4	1	7

76.

8	1	9	6	7	5	3	2	4
5	6	3	8	4	2	1	9	7
4	2	7	9	1	3	6	5	8
9	3	5	1	6	4	8	7	2
6	7	8	2	3	9	4	1	5
1	4	2	7	5	8	9	6	3
3	5	1	4	9	7	2	8	6
2	9	4	5	8	6	7	3	1
7	8	6	3	2	1	5	4	9

77.

5	3	7	6	8	9	4	1	2
2	9	8	3	1	4	5	7	6
1	4	6	7	2	5	9	8	3
8	7	4	1	9	2	6	3	5
9	5	3	8	6	7	1	2	4
6	2	1	4	5	3	8	9	7
4	8	9	2	3	6	7	5	1
3	6	5	9	7	1	2	4	8
7	1	2	5	4	8	3	6	9

78.

7	6	5	4	3	2	1	8	9
1	8	9	6	5	7	2	3	4
3	4	2	8	1	9	6	7	5
6	2	8	3	9	1	4	5	7
5	9	3	7	2	4	8	6	1
4	7	1	5	8	6	9	2	3
2	1	7	9	6	3	5	4	8
9	5	4	2	7	8	3	1	6
8	3	6	1	4	5	7	9	2

79.

6	5	4	8	9	3	7	2	1
3	8	9	1	7	2	5	4	6
7	2	1	5	4	6	8	9	3
2	4	3	7	5	1	6	8	9
8	1	6	3	2	9	4	5	7
5	9	7	4	6	8	1	3	2
1	3	5	9	8	7	2	6	4
9	6	8	2	1	4	3	7	5
4	7	2	6	3	5	9	1	8

80.

1	7	2	4	9	3	5	8	6
5	8	4	1	2	6	3	9	7
3	9	6	5	8	7	4	2	1
9	4	8	2	6	1	7	5	3
2	3	7	8	4	5	1	6	9
6	1	5	7	3	9	8	4	2
7	2	1	9	5	8	6	3	4
8	6	9	3	7	4	2	1	5
4	5	3	6	1	2	9	7	8

81.

3	8	2	9	7	1	4	6	5
9	1	7	4	6	5	2	8	3
6	4	5	8	3	2	1	9	7
8	5	4	7	9	3	6	1	2
7	3	1	2	8	6	5	4	9
2	9	6	1	5	4	7	3	8
5	2	3	6	1	9	8	7	4
1	7	9	5	4	8	3	2	6
4	6	8	3	2	7	9	5	1

82.

4	8	9	2	7	1	6	3	5
5	1	3	8	6	4	9	2	7
2	6	7	3	5	9	8	4	1
1	7	6	5	9	2	4	8	3
3	2	5	4	8	6	7	1	9
8	9	4	1	3	7	5	6	2
9	5	1	6	2	8	3	7	4
6	3	2	7	4	5	1	9	8
7	4	8	9	1	3	2	5	6

83.

9	4	8	2	5	3	7	1	6
6	1	7	9	4	8	3	5	2
2	3	5	7	6	1	8	9	4
1	9	2	4	7	5	6	3	8
5	8	3	6	1	2	4	7	9
7	6	4	8	3	9	1	2	5
8	5	6	3	9	7	2	4	1
3	2	9	1	8	4	5	6	7
4	7	1	5	2	6	9	8	3

84.

4	1	6	5	2	3	9	7	8
8	2	5	7	4	9	3	1	6
7	9	3	6	8	1	2	5	4
6	4	9	2	3	7	5	8	1
2	7	8	4	1	5	6	9	3
5	3	1	8	9	6	4	2	7
3	5	4	1	7	2	8	6	9
1	8	2	9	6	4	7	3	5
9	6	7	3	5	8	1	4	2

85.

5	4	6	7	9	8	3	2	1
2	3	7	6	5	1	4	8	9
1	9	8	3	4	2	6	7	5
3	8	4	2	1	5	7	9	6
9	5	2	8	7	6	1	3	4
7	6	1	9	3	4	2	5	8
8	7	3	4	6	9	5	1	2
6	2	5	1	8	3	9	4	7
4	1	9	5	2	7	8	6	3

86.

4	8	6	5	1	3	9	2	7
5	7	9	6	4	2	1	3	8
1	3	2	8	9	7	5	4	6
7	2	8	9	3	5	4	6	1
6	1	5	4	2	8	7	9	3
3	9	4	7	6	1	2	8	5
9	6	7	1	8	4	3	5	2
2	4	1	3	5	6	8	7	9
8	5	3	2	7	9	6	1	4

87.

3	8	5	2	1	6	4	7	9
2	4	6	5	9	7	1	8	3
7	9	1	8	3	4	2	6	5
9	6	8	7	5	1	3	2	4
4	2	3	6	8	9	5	1	7
1	5	7	3	4	2	8	9	6
8	3	9	1	7	5	6	4	2
6	1	4	9	2	3	7	5	8
5	7	2	4	6	8	9	3	1

88.

5	8	4	6	3	7	9	2	1
2	3	7	9	4	1	5	6	8
1	9	6	2	8	5	7	4	3
3	7	9	4	5	8	6	1	2
8	5	2	3	1	6	4	7	9
4	6	1	7	9	2	8	3	5
6	1	8	5	7	3	2	9	4
9	2	5	1	6	4	3	8	7
7	4	3	8	2	9	1	5	6

89.

7	1	2	5	3	6	8	9	4
5	3	4	7	8	9	2	1	6
8	9	6	2	1	4	5	7	3
1	8	3	9	5	7	6	4	2
9	2	5	4	6	8	1	3	7
4	6	7	3	2	1	9	5	8
6	7	9	8	4	5	3	2	1
2	5	8	1	7	3	4	6	9
3	4	1	6	9	2	7	8	5

90.

7	5	6	1	4	3	9	2	8
8	2	3	6	9	7	1	4	5
9	1	4	5	2	8	6	7	3
5	3	9	4	7	6	2	8	1
6	4	8	3	1	2	7	5	9
1	7	2	9	8	5	4	3	6
2	6	7	8	5	9	3	1	4
3	8	1	7	6	4	5	9	2
4	9	5	2	3	1	8	6	7

91.

8	3	9	6	4	2	7	5	1
7	4	2	9	1	5	6	3	8
6	1	5	7	3	8	2	4	9
5	9	7	2	6	3	1	8	4
2	8	1	5	9	4	3	7	6
3	6	4	8	7	1	9	2	5
1	7	3	4	5	9	8	6	2
4	2	6	1	8	7	5	9	3
9	5	8	3	2	6	4	1	7

92.

9	2	7	6	3	8	4	1	5
1	8	5	2	9	4	7	3	6
4	3	6	5	7	1	8	2	9
5	4	2	3	1	6	9	7	8
7	6	3	4	8	9	2	5	1
8	1	9	7	2	5	3	6	4
6	7	4	9	5	2	1	8	3
2	5	1	8	4	3	6	9	7
3	9	8	1	6	7	5	4	2

93.

6	5	7	9	8	1	2	4	3
1	2	3	4	5	7	8	9	6
8	4	9	3	2	6	5	7	1
5	3	1	2	4	8	9	6	7
2	8	4	7	6	9	3	1	5
7	9	6	1	3	5	4	2	8
3	1	8	6	9	2	7	5	4
4	7	2	5	1	3	6	8	9
9	6	5	8	7	4	1	3	2

94.

2	3	4	9	1	8	6	7	5
8	7	6	3	2	5	1	9	4
9	5	1	7	4	6	8	3	2
5	6	7	8	3	1	4	2	9
1	4	2	6	9	7	3	5	8
3	8	9	4	5	2	7	1	6
7	9	5	1	8	4	2	6	3
6	2	8	5	7	3	9	4	1
4	1	3	2	6	9	5	8	7

95.

3	1	6	5	2	7	8	4	9
7	4	5	9	8	1	6	2	3
8	9	2	3	6	4	1	7	5
1	3	4	6	5	8	2	9	7
6	7	8	4	9	2	3	5	1
5	2	9	1	7	3	4	8	6
2	5	1	8	3	9	7	6	4
9	8	3	7	4	6	5	1	2
4	6	7	2	1	5	9	3	8

96.

7	4	5	8	1	2	6	9	3
1	9	2	4	3	6	7	5	8
6	8	3	5	9	7	4	2	1
9	7	6	1	4	3	5	8	2
5	2	4	6	8	9	3	1	7
8	3	1	7	2	5	9	4	6
3	1	9	2	7	4	8	6	5
4	5	8	3	6	1	2	7	9
2	6	7	9	5	8	1	3	4

97.

9	8	2	3	6	1	5	7	4
3	6	7	4	8	5	2	9	1
5	1	4	9	2	7	8	6	3
1	3	9	6	7	2	4	5	8
8	4	5	1	9	3	6	2	7
7	2	6	8	5	4	3	1	9
2	5	8	7	3	9	1	4	6
6	9	1	2	4	8	7	3	5
4	7	3	5	1	6	9	8	2

98.

4	5	1	8	3	6	7	2	9
8	9	7	4	1	2	5	3	6
2	6	3	9	5	7	1	8	4
1	7	8	2	4	5	9	6	3
5	3	6	7	8	9	2	4	1
9	2	4	1	6	3	8	5	7
6	1	9	3	2	8	4	7	5
7	8	5	6	9	4	3	1	2
3	4	2	5	7	1	6	9	8

99.

1	4	2	3	9	8	5	6	7
5	6	3	7	1	4	2	8	9
7	8	9	5	6	2	4	1	3
8	2	4	1	7	6	3	9	5
3	5	6	8	2	9	1	7	4
9	1	7	4	5	3	8	2	6
4	3	1	9	8	7	6	5	2
2	9	5	6	4	1	7	3	8
6	7	8	2	3	5	9	4	1

100.

1	7	5	3	9	8	6	2	4
4	3	6	7	5	2	1	9	8
8	9	2	1	4	6	3	5	7
7	8	9	5	6	4	2	1	3
2	4	3	8	1	9	7	6	5
6	5	1	2	3	7	4	8	9
3	2	8	6	7	5	9	4	1
5	1	4	9	2	3	8	7	6
9	6	7	4	8	1	5	3	2

101.

2	1	8	7	3	6	4	9	5
5	6	7	9	4	1	2	3	8
3	4	9	5	2	8	6	1	7
8	2	4	6	1	3	5	7	9
9	5	1	2	7	4	3	8	6
6	7	3	8	9	5	1	2	4
7	8	5	3	6	2	9	4	1
4	3	6	1	8	9	7	5	2
1	9	2	4	5	7	8	6	3

102.

2	6	3	4	9	7	5	1	8
9	1	4	2	5	8	3	6	7
7	5	8	6	1	3	9	2	4
1	3	2	5	4	6	7	8	9
5	4	9	7	8	1	6	3	2
8	7	6	3	2	9	4	5	1
6	8	1	9	7	5	2	4	3
3	2	7	8	6	4	1	9	5
4	9	5	1	3	2	8	7	6

103.

9	3	6	8	1	4	7	5	2
4	5	7	9	3	2	8	6	1
8	1	2	5	6	7	9	4	3
6	9	8	2	5	1	3	7	4
1	7	5	4	8	3	6	2	9
2	4	3	6	7	9	1	8	5
7	2	9	3	4	8	5	1	6
3	6	1	7	2	5	4	9	8
5	8	4	1	9	6	2	3	7

104.

1	7	3	8	2	5	9	4	6
9	8	6	4	1	3	2	5	7
2	4	5	9	7	6	3	8	1
5	9	7	1	6	4	8	2	3
4	3	8	7	5	2	1	6	9
6	2	1	3	9	8	5	7	4
7	1	2	5	4	9	6	3	8
8	6	4	2	3	1	7	9	5
3	5	9	6	8	7	4	1	2

105.

5	3	2	9	4	8	1	6	7
4	8	6	2	1	7	5	3	9
1	7	9	5	6	3	4	2	8
3	4	8	7	2	1	9	5	6
2	5	1	4	9	6	8	7	3
6	9	7	3	8	5	2	4	1
7	1	3	8	5	2	6	9	4
9	6	5	1	7	4	3	8	2
8	2	4	6	3	9	7	1	5

106.

8	1	3	6	4	5	9	2	7
2	7	9	8	3	1	5	4	6
5	6	4	7	2	9	3	1	8
1	2	5	3	6	4	7	8	9
4	9	7	2	5	8	1	6	3
3	8	6	9	1	7	4	5	2
7	5	8	4	9	6	2	3	1
6	4	2	1	7	3	8	9	5
9	3	1	5	8	2	6	7	4

107.

6	8	5	2	9	1	3	4	7
4	7	9	8	5	3	1	2	6
2	3	1	6	7	4	5	8	9
3	9	4	1	8	2	6	7	5
8	5	7	3	6	9	4	1	2
1	2	6	5	4	7	8	9	3
9	1	3	4	2	5	7	6	8
5	6	2	7	1	8	9	3	4
7	4	8	9	3	6	2	5	1

108.

9	5	3	4	8	6	2	7	1
7	1	6	5	2	9	8	3	4
8	2	4	3	7	1	9	5	6
5	8	2	7	1	3	6	4	9
6	4	7	2	9	8	5	1	3
1	3	9	6	5	4	7	8	2
2	6	5	1	3	7	4	9	8
3	7	8	9	4	2	1	6	5
4	9	1	8	6	5	3	2	7

109.

7	4	1	2	5	8	9	3	6
5	8	9	7	3	6	4	2	1
3	2	6	1	4	9	7	8	5
4	6	3	5	1	7	2	9	8
2	5	8	4	9	3	1	6	7
9	1	7	8	6	2	5	4	3
1	9	2	3	8	5	6	7	4
6	3	4	9	7	1	8	5	2
8	7	5	6	2	4	3	1	9

110.

7	3	4	8	1	5	9	2	6
2	8	9	4	7	6	1	5	3
1	6	5	3	9	2	7	4	8
8	7	6	1	4	3	5	9	2
3	9	1	2	5	8	4	6	7
5	4	2	7	6	9	3	8	1
6	1	7	5	8	4	2	3	9
9	5	3	6	2	1	8	7	4
4	2	8	9	3	7	6	1	5

111.

2	5	9	7	4	8	1	6	3
8	7	4	1	3	6	9	5	2
1	6	3	2	9	5	7	8	4
7	2	5	4	8	1	3	9	6
3	4	8	6	7	9	2	1	5
9	1	6	5	2	3	8	4	7
4	8	1	3	5	7	6	2	9
5	9	7	8	6	2	4	3	1
6	3	2	9	1	4	5	7	8

112.

8	3	7	1	9	6	4	2	5
9	2	1	4	8	5	7	3	6
4	5	6	2	3	7	8	1	9
6	4	9	8	5	3	2	7	1
7	8	3	9	1	2	5	6	4
5	1	2	7	6	4	3	9	8
2	6	4	5	7	1	9	8	3
3	7	8	6	4	9	1	5	2
1	9	5	3	2	8	6	4	7

113.

6	7	2	4	3	1	8	5	9
3	9	5	8	7	6	4	1	2
8	4	1	5	9	2	7	6	3
9	1	7	2	5	3	6	4	8
2	8	6	7	4	9	5	3	1
5	3	4	6	1	8	2	9	7
4	5	3	1	8	7	9	2	6
7	6	9	3	2	5	1	8	4
1	2	8	9	6	4	3	7	5

114.

9	1	4	2	3	8	5	7	6
2	6	3	9	5	7	1	4	8
5	7	8	6	4	1	9	2	3
7	9	5	1	8	6	2	3	4
3	2	6	7	9	4	8	1	5
4	8	1	5	2	3	6	9	7
6	4	7	8	1	9	3	5	2
1	3	2	4	6	5	7	8	9
8	5	9	3	7	2	4	6	1

115.

5	2	1	8	6	9	4	7	3
8	9	4	5	3	7	2	1	6
6	3	7	1	2	4	8	9	5
4	8	2	3	9	5	1	6	7
3	1	6	7	4	2	9	5	8
7	5	9	6	8	1	3	2	4
2	4	8	9	5	6	7	3	1
1	6	3	2	7	8	5	4	9
9	7	5	4	1	3	6	8	2

116.

4	7	5	8	1	2	3	9	6
2	3	6	7	9	5	8	1	4
9	8	1	6	3	4	2	7	5
6	9	3	4	8	7	5	2	1
5	4	2	1	6	3	7	8	9
8	1	7	2	5	9	6	4	3
1	6	9	5	2	8	4	3	7
7	5	8	3	4	1	9	6	2
3	2	4	9	7	6	1	5	8

117.

8	9	7	1	3	4	5	6	2
1	2	6	7	8	5	3	4	9
4	5	3	6	9	2	7	1	8
6	7	5	2	1	9	4	8	3
9	4	8	3	5	7	1	2	6
3	1	2	8	4	6	9	7	5
5	6	9	4	7	8	2	3	1
2	3	4	9	6	1	8	5	7
7	8	1	5	2	3	6	9	4

118.

8	4	2	9	1	7	6	3	5
7	9	1	6	3	5	8	2	4
3	5	6	4	2	8	9	1	7
1	3	9	5	7	6	4	8	2
5	6	4	3	8	2	1	7	9
2	8	7	1	9	4	5	6	3
9	1	5	7	6	3	2	4	8
4	2	3	8	5	1	7	9	6
6	7	8	2	4	9	3	5	1

119.

1	5	4	9	8	3	2	7	6
7	6	3	1	4	2	8	9	5
9	2	8	7	5	6	3	1	4
5	7	1	3	9	8	4	6	2
4	3	2	5	6	7	1	8	9
8	9	6	2	1	4	5	3	7
3	1	5	4	7	9	6	2	8
6	4	7	8	2	1	9	5	3
2	8	9	6	3	5	7	4	1

120.

3	5	7	2	4	1	8	9	6
9	1	6	7	3	8	4	2	5
4	8	2	9	6	5	7	1	3
8	6	9	4	1	3	2	5	7
1	2	4	8	5	7	6	3	9
5	7	3	6	2	9	1	4	8
2	9	1	5	8	6	3	7	4
7	3	8	1	9	4	5	6	2
6	4	5	3	7	2	9	8	1

121.

7	3	2	6	4	8	9	5	1
4	1	9	2	3	5	8	7	6
6	8	5	7	9	1	3	2	4
1	7	3	8	5	9	4	6	2
8	5	6	4	1	2	7	3	9
9	2	4	3	7	6	5	1	8
3	6	1	5	8	4	2	9	7
2	4	7	9	6	3	1	8	5
5	9	8	1	2	7	6	4	3

122.

6	1	2	8	3	9	7	4	5
8	5	7	6	4	1	2	3	9
9	4	3	7	5	2	1	6	8
3	9	4	5	8	7	6	2	1
1	2	6	3	9	4	8	5	7
5	7	8	1	2	6	4	9	3
2	6	1	9	7	5	3	8	4
4	3	9	2	1	8	5	7	6
7	8	5	4	6	3	9	1	2

123.

5	8	6	4	7	3	9	1	2
3	2	7	9	1	5	8	6	4
9	4	1	8	6	2	7	3	5
7	9	8	5	2	6	3	4	1
6	1	4	3	8	7	2	5	9
2	3	5	1	4	9	6	8	7
8	7	9	6	5	1	4	2	3
4	5	3	2	9	8	1	7	6
1	6	2	7	3	4	5	9	8

124.

4	1	6	8	9	2	7	5	3
5	9	7	4	6	3	8	2	1
8	2	3	1	5	7	9	4	6
9	4	2	5	7	6	1	3	8
1	3	8	9	2	4	5	6	7
6	7	5	3	8	1	2	9	4
2	6	4	7	1	5	3	8	9
7	5	9	6	3	8	4	1	2
3	8	1	2	4	9	6	7	5

125.

1	7	6	2	5	9	4	8	3
8	3	4	7	6	1	5	9	2
5	2	9	8	3	4	7	6	1
3	9	2	5	8	7	1	4	6
6	1	5	4	2	3	8	7	9
4	8	7	1	9	6	3	2	5
2	4	1	6	7	5	9	3	8
7	6	3	9	1	8	2	5	4
9	5	8	3	4	2	6	1	7

126.

5	7	9	6	3	8	2	1	4
3	8	4	5	2	1	9	7	6
6	1	2	9	4	7	3	5	8
2	9	5	7	6	4	1	8	3
4	3	7	1	8	5	6	2	9
8	6	1	2	9	3	7	4	5
7	2	8	3	5	9	4	6	1
9	5	6	4	1	2	8	3	7
1	4	3	8	7	6	5	9	2

127.

8	7	4	2	5	6	1	9	3
3	5	9	1	8	7	2	4	6
1	6	2	4	9	3	7	5	8
7	9	6	8	2	5	4	3	1
5	2	8	3	1	4	9	6	7
4	1	3	6	7	9	5	8	2
2	4	7	9	6	8	3	1	5
6	3	1	5	4	2	8	7	9
9	8	5	7	3	1	6	2	4

128.

4	2	6	3	7	5	8	9	1
9	1	5	8	6	4	2	7	3
3	8	7	1	2	9	5	6	4
5	6	3	2	1	7	4	8	9
1	4	8	5	9	3	6	2	7
2	7	9	4	8	6	1	3	5
6	5	4	7	3	8	9	1	2
8	3	1	9	4	2	7	5	6
7	9	2	6	5	1	3	4	8

129.

6	7	4	3	8	9	1	5	2
3	9	1	4	5	2	7	8	6
8	2	5	7	1	6	4	9	3
4	3	6	5	9	7	8	2	1
1	5	7	8	2	4	6	3	9
9	8	2	6	3	1	5	7	4
7	1	8	9	6	3	2	4	5
5	6	9	2	4	8	3	1	7
2	4	3	1	7	5	9	6	8

130.

4	6	2	5	3	1	9	7	8
1	9	3	2	7	8	4	5	6
5	7	8	9	4	6	3	1	2
2	1	4	3	9	5	6	8	7
7	3	9	6	8	2	1	4	5
6	8	5	7	1	4	2	9	3
8	4	6	1	5	3	7	2	9
3	5	7	4	2	9	8	6	1
9	2	1	8	6	7	5	3	4

131.

4	6	2	8	9	5	3	7	1
7	9	3	4	6	1	5	2	8
1	8	5	2	7	3	6	9	4
8	3	1	5	2	6	7	4	9
9	4	7	1	3	8	2	6	5
2	5	6	9	4	7	1	8	3
5	2	8	7	1	9	4	3	6
3	7	9	6	5	4	8	1	2
6	1	4	3	8	2	9	5	7

132.

7	1	5	6	2	4	3	8	9
6	2	3	5	8	9	1	4	7
4	8	9	7	3	1	2	5	6
3	7	8	1	9	2	4	6	5
9	4	2	8	6	5	7	1	3
5	6	1	4	7	3	8	9	2
1	5	6	3	4	7	9	2	8
8	9	7	2	1	6	5	3	4
2	3	4	9	5	8	6	7	1

133.

4	5	1	6	9	7	2	3	8
9	7	3	8	5	2	6	1	4
8	6	2	3	4	1	7	5	9
1	4	8	2	6	3	5	9	7
3	2	5	7	8	9	1	4	6
6	9	7	5	1	4	3	8	2
7	1	9	4	3	6	8	2	5
5	3	6	9	2	8	4	7	1
2	8	4	1	7	5	9	6	3

134.

4	1	6	3	8	2	5	9	7
5	7	8	9	6	4	1	2	3
3	2	9	7	5	1	8	4	6
9	5	3	6	2	8	4	7	1
8	6	2	1	4	7	3	5	9
7	4	1	5	3	9	2	6	8
6	3	4	8	7	5	9	1	2
2	9	7	4	1	3	6	8	5
1	8	5	2	9	6	7	3	4

135.

6	4	9	2	8	1	3	5	7
2	1	5	9	7	3	6	4	8
7	8	3	4	6	5	2	9	1
4	2	1	7	3	8	9	6	5
3	7	6	5	9	4	1	8	2
9	5	8	6	1	2	4	7	3
5	9	2	3	4	7	8	1	6
1	6	7	8	2	9	5	3	4
8	3	4	1	5	6	7	2	9

136.

2	5	8	6	4	9	7	3	1
9	4	6	7	3	1	8	2	5
7	1	3	5	2	8	9	6	4
8	6	9	2	1	3	5	4	7
5	7	1	9	6	4	3	8	2
4	3	2	8	7	5	6	1	9
6	9	4	3	5	2	1	7	8
1	8	7	4	9	6	2	5	3
3	2	5	1	8	7	4	9	6

137.

7	4	9	1	3	2	8	6	5
5	8	1	6	9	4	2	7	3
2	3	6	5	7	8	1	4	9
8	6	3	7	5	9	4	2	1
9	5	2	8	4	1	7	3	6
4	1	7	2	6	3	5	9	8
3	2	4	9	1	5	6	8	7
1	7	8	3	2	6	9	5	4
6	9	5	4	8	7	3	1	2

138.

3	6	4	7	2	1	5	8	9
9	1	5	4	6	8	3	7	2
7	2	8	5	9	3	1	4	6
5	9	1	6	3	4	7	2	8
2	3	6	9	8	7	4	5	1
8	4	7	2	1	5	9	6	3
6	7	9	3	4	2	8	1	5
4	8	2	1	5	9	6	3	7
1	5	3	8	7	6	2	9	4

139.

5	4	9	1	2	7	3	6	8
6	3	8	5	9	4	7	1	2
7	2	1	6	8	3	4	9	5
3	6	4	2	1	9	8	5	7
2	1	7	3	5	8	9	4	6
8	9	5	7	4	6	1	2	3
4	7	6	9	3	5	2	8	1
9	5	2	8	7	1	6	3	4
1	8	3	4	6	2	5	7	9

140.

4	9	7	3	1	2	6	8	5
6	3	5	8	7	4	2	9	1
2	8	1	5	6	9	7	4	3
8	2	3	4	5	1	9	7	6
1	7	4	6	9	8	3	5	2
5	6	9	7	2	3	4	1	8
3	5	8	9	4	6	1	2	7
9	1	6	2	8	7	5	3	4
7	4	2	1	3	5	8	6	9

141.

1	4	9	5	8	7	2	6	3
2	8	6	9	3	1	4	7	5
5	7	3	6	4	2	9	8	1
8	3	1	7	2	6	5	9	4
9	2	5	4	1	8	6	3	7
7	6	4	3	5	9	8	1	2
3	5	8	1	6	4	7	2	9
4	9	2	8	7	3	1	5	6
6	1	7	2	9	5	3	4	8

142.

2	9	7	1	5	3	4	8	6
4	3	5	8	7	6	9	2	1
8	1	6	2	9	4	5	7	3
9	4	1	6	2	8	7	3	5
7	5	3	9	4	1	2	6	8
6	2	8	7	3	5	1	9	4
1	8	9	5	6	7	3	4	2
3	6	2	4	1	9	8	5	7
5	7	4	3	8	2	6	1	9

143.

6	3	8	2	1	7	5	9	4
7	2	5	8	4	9	1	6	3
4	1	9	3	5	6	2	8	7
1	8	3	5	2	4	9	7	6
9	7	2	1	6	8	3	4	5
5	4	6	7	9	3	8	1	2
3	6	7	9	8	5	4	2	1
2	9	4	6	3	1	7	5	8
8	5	1	4	7	2	6	3	9

144.

2	7	4	6	1	9	8	5	3
9	8	6	4	5	3	1	2	7
5	1	3	2	8	7	6	9	4
6	4	8	7	3	2	9	1	5
1	5	2	8	9	4	7	3	6
7	3	9	5	6	1	4	8	2
8	2	5	9	4	6	3	7	1
4	9	1	3	7	5	2	6	8
3	6	7	1	2	8	5	4	9

145.

6	3	9	2	8	7	4	5	1
2	1	5	4	9	6	8	3	7
8	7	4	5	3	1	6	2	9
5	9	1	3	6	4	2	7	8
4	2	8	7	5	9	1	6	3
7	6	3	8	1	2	5	9	4
3	8	7	1	2	5	9	4	6
9	4	2	6	7	8	3	1	5
1	5	6	9	4	3	7	8	2

146.

7	1	3	8	9	6	5	2	4
5	2	9	4	1	7	3	6	8
4	6	8	5	3	2	1	7	9
3	4	2	6	7	8	9	1	5
6	9	1	2	5	3	8	4	7
8	5	7	9	4	1	6	3	2
1	3	5	7	8	4	2	9	6
2	8	4	1	6	9	7	5	3
9	7	6	3	2	5	4	8	1

147.

8	1	2	7	4	5	9	3	6
6	4	7	9	2	3	8	5	1
5	3	9	8	1	6	4	2	7
2	9	3	1	7	8	5	6	4
7	6	8	3	5	4	2	1	9
1	5	4	6	9	2	3	7	8
9	7	5	4	3	1	6	8	2
4	2	6	5	8	7	1	9	3
3	8	1	2	6	9	7	4	5

148.

8	6	9	1	4	5	7	3	2
4	1	7	9	2	3	5	8	6
5	2	3	6	7	8	4	1	9
6	4	8	3	1	9	2	7	5
7	9	5	4	8	2	1	6	3
1	3	2	7	5	6	9	4	8
2	7	6	8	9	1	3	5	4
9	8	4	5	3	7	6	2	1
3	5	1	2	6	4	8	9	7

149.

3	6	1	9	7	2	8	5	4
9	4	8	5	6	1	2	3	7
2	7	5	8	4	3	1	9	6
4	3	7	1	2	9	5	6	8
8	5	2	6	3	4	9	7	1
6	1	9	7	8	5	3	4	2
1	8	6	3	5	7	4	2	9
5	9	4	2	1	6	7	8	3
7	2	3	4	9	8	6	1	5

150.

2	5	1	7	6	3	4	8	9
7	6	4	9	5	8	3	1	2
9	8	3	4	2	1	5	7	6
3	2	8	5	9	4	7	6	1
1	4	9	6	3	7	2	5	8
5	7	6	1	8	2	9	3	4
4	1	2	3	7	6	8	9	5
8	3	5	2	1	9	6	4	7
6	9	7	8	4	5	1	2	3

151.

9	1	8	3	7	2	6	5	4
7	6	5	8	4	9	2	3	1
2	4	3	1	6	5	8	7	9
5	8	2	7	3	1	9	4	6
6	3	7	2	9	4	5	1	8
1	9	4	6	5	8	3	2	7
4	7	9	5	8	3	1	6	2
8	5	1	4	2	6	7	9	3
3	2	6	9	1	7	4	8	5

152.

3	9	1	4	5	8	7	6	2
2	8	5	1	6	7	9	4	3
6	7	4	3	9	2	1	8	5
8	6	9	7	1	5	2	3	4
5	4	7	2	3	9	6	1	8
1	2	3	6	8	4	5	7	9
4	5	8	9	7	1	3	2	6
9	1	6	8	2	3	4	5	7
7	3	2	5	4	6	8	9	1

153.

9	8	3	2	6	7	5	4	1
7	4	1	9	5	8	2	3	6
6	5	2	4	3	1	7	8	9
2	3	5	8	1	4	9	6	7
1	9	6	5	7	3	4	2	8
8	7	4	6	9	2	1	5	3
3	1	8	7	4	5	6	9	2
5	6	7	3	2	9	8	1	4
4	2	9	1	8	6	3	7	5

154.

4	6	8	5	2	7	9	1	3
5	2	3	8	1	9	6	4	7
1	9	7	4	3	6	8	5	2
6	1	4	7	8	3	5	2	9
7	3	9	2	5	1	4	8	6
2	8	5	6	9	4	7	3	1
9	7	1	3	4	8	2	6	5
3	4	2	9	6	5	1	7	8
8	5	6	1	7	2	3	9	4

155.

7	2	3	1	6	8	9	5	4
1	5	9	4	2	3	8	7	6
6	8	4	5	7	9	2	3	1
9	6	1	7	3	4	5	2	8
8	4	5	6	9	2	7	1	3
2	3	7	8	1	5	4	6	9
3	1	8	9	5	7	6	4	2
5	9	2	3	4	6	1	8	7
4	7	6	2	8	1	3	9	5

156.

1	4	3	5	9	2	6	7	8
5	9	7	3	6	8	1	2	4
6	8	2	4	7	1	5	9	3
7	5	4	2	3	9	8	6	1
3	6	9	8	1	7	4	5	2
2	1	8	6	5	4	9	3	7
8	3	1	9	2	5	7	4	6
9	7	6	1	4	3	2	8	5
4	2	5	7	8	6	3	1	9

157.

4	3	8	2	6	7	1	5	9
9	2	5	8	1	3	6	4	7
6	7	1	4	5	9	3	2	8
8	5	2	6	3	1	7	9	4
3	9	6	5	7	4	8	1	2
1	4	7	9	8	2	5	6	3
2	1	3	7	9	6	4	8	5
5	6	4	3	2	8	9	7	1
7	8	9	1	4	5	2	3	6

158.

4	3	1	8	9	2	5	6	7
2	7	8	1	5	6	9	4	3
9	5	6	4	3	7	1	2	8
8	1	3	2	4	9	6	7	5
5	9	7	3	6	1	2	8	4
6	4	2	7	8	5	3	9	1
3	2	9	5	7	4	8	1	6
1	8	4	6	2	3	7	5	9
7	6	5	9	1	8	4	3	2

159.

2	7	1	5	4	8	9	3	6
5	6	4	3	1	9	8	2	7
8	9	3	7	6	2	4	1	5
4	1	2	9	5	3	6	7	8
7	8	5	1	2	6	3	4	9
9	3	6	4	8	7	2	5	1
6	4	8	2	7	5	1	9	3
3	2	7	8	9	1	5	6	4
1	5	9	6	3	4	7	8	2

160.

3	7	6	1	4	5	8	2	9
4	9	2	7	3	8	1	6	5
5	1	8	9	2	6	4	7	3
1	3	7	8	5	2	9	4	6
2	5	9	4	6	7	3	1	8
8	6	4	3	9	1	7	5	2
9	4	5	6	1	3	2	8	7
6	8	1	2	7	9	5	3	4
7	2	3	5	8	4	6	9	1

161.

4	3	8	7	2	5	1	9	6
6	1	2	8	9	3	7	5	4
9	7	5	6	4	1	8	2	3
1	6	3	5	8	7	2	4	9
5	2	9	3	1	4	6	8	7
8	4	7	9	6	2	5	3	1
7	9	1	2	3	8	4	6	5
3	8	4	1	5	6	9	7	2
2	5	6	4	7	9	3	1	8

162.

9	6	5	3	1	4	2	8	7
2	4	8	5	7	6	9	3	1
7	1	3	8	9	2	6	5	4
6	8	7	2	4	3	5	1	9
5	3	2	9	8	1	7	4	6
4	9	1	7	6	5	3	2	8
1	2	9	6	3	8	4	7	5
3	7	4	1	5	9	8	6	2
8	5	6	4	2	7	1	9	3

163.

8	4	2	1	7	5	9	6	3
1	7	6	8	9	3	2	4	5
3	9	5	6	2	4	8	7	1
5	1	9	3	6	7	4	2	8
7	2	8	9	4	1	5	3	6
4	6	3	2	5	8	1	9	7
2	8	7	5	3	9	6	1	4
6	3	1	4	8	2	7	5	9
9	5	4	7	1	6	3	8	2

164.

7	9	5	3	1	6	8	2	4
3	2	6	5	4	8	7	9	1
4	1	8	7	2	9	5	6	3
5	3	4	1	9	2	6	7	8
9	6	7	8	5	4	1	3	2
1	8	2	6	3	7	9	4	5
8	7	3	2	6	1	4	5	9
2	4	1	9	7	5	3	8	6
6	5	9	4	8	3	2	1	7

165.

8	5	4	7	2	1	3	6	9
3	6	1	9	8	5	2	7	4
2	9	7	4	6	3	5	1	8
5	1	2	3	9	7	8	4	6
7	3	9	8	4	6	1	5	2
4	8	6	5	1	2	9	3	7
6	7	8	1	5	9	4	2	3
1	4	3	2	7	8	6	9	5
9	2	5	6	3	4	7	8	1

166.

3	1	5	9	6	7	8	2	4
7	6	4	2	5	8	9	3	1
9	2	8	1	3	4	6	7	5
6	8	7	5	9	1	3	4	2
2	3	9	7	4	6	5	1	8
4	5	1	3	8	2	7	9	6
1	9	2	8	7	5	4	6	3
8	4	3	6	2	9	1	5	7
5	7	6	4	1	3	2	8	9

167.

9	2	1	5	7	3	8	6	4
6	3	8	9	4	1	7	2	5
7	4	5	6	2	8	9	1	3
2	5	6	8	3	9	1	4	7
4	7	9	1	6	2	5	3	8
8	1	3	7	5	4	6	9	2
5	8	4	3	9	6	2	7	1
1	9	2	4	8	7	3	5	6
3	6	7	2	1	5	4	8	9

168.

8	5	9	2	3	6	4	7	1
7	2	4	8	9	1	3	6	5
1	6	3	4	7	5	9	8	2
3	9	2	5	6	8	7	1	4
6	8	7	9	1	4	2	5	3
4	1	5	7	2	3	6	9	8
9	4	8	6	5	2	1	3	7
2	3	6	1	8	7	5	4	9
5	7	1	3	4	9	8	2	6

169.

7	4	3	9	2	5	6	1	8
8	9	5	3	6	1	4	7	2
1	6	2	4	8	7	3	5	9
4	5	7	2	3	8	1	9	6
3	2	1	7	9	6	5	8	4
6	8	9	1	5	4	2	3	7
9	3	6	8	1	2	7	4	5
2	1	4	5	7	9	8	6	3
5	7	8	6	4	3	9	2	1

170.

1	2	3	5	8	6	7	9	4
7	8	4	3	2	9	5	6	1
5	6	9	7	1	4	3	2	8
4	9	2	1	7	5	8	3	6
3	5	7	4	6	8	2	1	9
8	1	6	2	9	3	4	7	5
6	3	1	8	5	7	9	4	2
2	7	8	9	4	1	6	5	3
9	4	5	6	3	2	1	8	7

171.

4	3	6	9	5	2	1	7	8
8	9	7	1	6	3	4	2	5
2	1	5	7	8	4	3	6	9
3	4	9	6	1	5	7	8	2
5	2	8	4	3	7	9	1	6
6	7	1	8	2	9	5	3	4
9	8	2	3	4	1	6	5	7
7	5	3	2	9	6	8	4	1
1	6	4	5	7	8	2	9	3

172.

9	8	6	2	5	3	7	4	1
1	2	7	9	4	8	5	6	3
3	5	4	7	6	1	2	9	8
5	7	8	4	3	6	1	2	9
4	1	9	5	2	7	8	3	6
2	6	3	1	8	9	4	5	7
8	4	1	6	9	2	3	7	5
6	3	5	8	7	4	9	1	2
7	9	2	3	1	5	6	8	4

173.

8	3	1	4	2	5	6	7	9
7	2	4	9	6	8	5	1	3
6	5	9	7	1	3	8	4	2
2	4	6	3	5	9	7	8	1
5	7	8	2	4	1	3	9	6
1	9	3	6	8	7	2	5	4
3	1	2	8	7	4	9	6	5
4	6	7	5	9	2	1	3	8
9	8	5	1	3	6	4	2	7

174.

2	6	8	7	4	9	5	3	1
5	3	9	2	8	1	7	4	6
7	4	1	5	3	6	9	2	8
6	8	2	4	7	5	3	1	9
9	1	7	6	2	3	4	8	5
3	5	4	1	9	8	6	7	2
8	9	6	3	1	4	2	5	7
4	7	5	8	6	2	1	9	3
1	2	3	9	5	7	8	6	4

175.

5	8	4	1	3	6	7	9	2
2	3	6	5	7	9	1	4	8
9	7	1	4	2	8	5	3	6
1	9	2	7	8	3	4	6	5
6	5	8	9	4	1	3	2	7
3	4	7	6	5	2	9	8	1
4	6	3	8	1	5	2	7	9
7	1	9	2	6	4	8	5	3
8	2	5	3	9	7	6	1	4

176.

9	7	3	8	2	1	4	5	6
8	6	4	9	3	5	1	2	7
1	5	2	4	7	6	3	9	8
7	8	1	5	9	2	6	3	4
2	9	6	3	8	4	5	7	1
4	3	5	1	6	7	9	8	2
5	4	7	2	1	9	8	6	3
6	1	8	7	5	3	2	4	9
3	2	9	6	4	8	7	1	5

177.

5	6	9	2	1	8	7	4	3
3	1	2	9	4	7	5	6	8
8	4	7	5	6	3	1	2	9
7	2	3	1	9	5	6	8	4
6	8	1	3	7	4	9	5	2
4	9	5	6	8	2	3	1	7
9	7	8	4	5	1	2	3	6
2	5	6	8	3	9	4	7	1
1	3	4	7	2	6	8	9	5

178.

3	4	6	9	1	7	8	2	5
9	1	2	5	3	8	7	4	6
7	8	5	2	6	4	3	1	9
4	5	9	1	7	3	2	6	8
2	6	1	4	8	5	9	3	7
8	7	3	6	2	9	1	5	4
5	9	8	3	4	2	6	7	1
6	2	7	8	5	1	4	9	3
1	3	4	7	9	6	5	8	2

179.

5	1	7	8	3	4	9	6	2
3	9	4	2	1	6	8	5	7
8	6	2	7	9	5	4	3	1
2	8	3	6	4	9	1	7	5
1	7	5	3	2	8	6	9	4
6	4	9	5	7	1	3	2	8
4	3	6	1	5	2	7	8	9
9	5	8	4	6	7	2	1	3
7	2	1	9	8	3	5	4	6

180.

3	1	8	4	5	2	7	9	6
5	4	9	6	1	7	3	8	2
7	2	6	3	8	9	1	4	5
4	3	5	2	9	6	8	7	1
6	9	2	1	7	8	4	5	3
8	7	1	5	4	3	2	6	9
2	5	3	7	6	4	9	1	8
1	8	4	9	2	5	6	3	7
9	6	7	8	3	1	5	2	4

181.

9	2	4	7	3	8	5	1	6
8	3	5	9	6	1	2	4	7
6	1	7	4	2	5	9	8	3
3	5	8	1	4	7	6	2	9
7	9	2	3	8	6	1	5	4
1	4	6	2	5	9	7	3	8
4	6	9	8	1	2	3	7	5
5	8	1	6	7	3	4	9	2
2	7	3	5	9	4	8	6	1

182.

2	4	5	7	6	9	3	1	8
1	7	9	4	8	3	2	5	6
8	6	3	2	1	5	7	4	9
3	9	1	5	7	4	6	8	2
4	8	2	1	3	6	9	7	5
7	5	6	8	9	2	4	3	1
9	3	7	6	5	1	8	2	4
6	1	4	3	2	8	5	9	7
5	2	8	9	4	7	1	6	3

183.

2	6	3	1	8	9	4	5	7
9	4	7	3	5	2	6	1	8
1	8	5	6	7	4	2	3	9
4	1	2	5	3	8	9	7	6
7	5	8	2	9	6	3	4	1
6	3	9	7	4	1	8	2	5
8	7	4	9	2	5	1	6	3
5	2	1	8	6	3	7	9	4
3	9	6	4	1	7	5	8	2

184.

9	1	6	4	2	3	5	8	7
3	7	2	5	6	8	1	4	9
4	8	5	7	9	1	2	6	3
7	5	8	9	4	2	6	3	1
6	9	1	3	8	7	4	2	5
2	4	3	6	1	5	9	7	8
1	6	7	2	3	9	8	5	4
5	2	9	8	7	4	3	1	6
8	3	4	1	5	6	7	9	2

185.

9	6	8	2	4	5	3	1	7
2	5	4	3	1	7	8	9	6
7	1	3	8	6	9	5	2	4
3	4	1	9	5	8	7	6	2
6	8	9	4	7	2	1	5	3
5	2	7	6	3	1	9	4	8
4	7	6	5	9	3	2	8	1
1	9	2	7	8	6	4	3	5
8	3	5	1	2	4	6	7	9

186.

3	4	1	5	2	8	6	7	9
6	2	7	9	4	1	5	8	3
9	8	5	7	3	6	4	1	2
4	9	8	3	6	7	2	5	1
1	5	6	4	9	2	8	3	7
2	7	3	1	8	5	9	4	6
5	1	9	2	7	4	3	6	8
8	3	4	6	1	9	7	2	5
7	6	2	8	5	3	1	9	4

187.

1	7	8	5	4	3	2	9	6
6	9	4	2	1	7	3	5	8
2	5	3	6	8	9	7	4	1
3	4	1	8	7	2	5	6	9
8	6	5	3	9	1	4	2	7
9	2	7	4	6	5	1	8	3
5	1	2	9	3	6	8	7	4
7	8	6	1	2	4	9	3	5
4	3	9	7	5	8	6	1	2

188.

8	3	7	2	6	4	1	9	5
9	4	5	8	3	1	2	6	7
1	6	2	7	9	5	4	8	3
3	2	8	9	7	6	5	4	1
5	1	6	3	4	2	8	7	9
7	9	4	1	5	8	6	3	2
4	5	3	6	1	7	9	2	8
2	7	1	4	8	9	3	5	6
6	8	9	5	2	3	7	1	4

189.

8	4	3	9	1	7	5	2	6
1	5	9	6	3	2	8	4	7
2	7	6	8	5	4	3	9	1
6	1	5	3	4	9	7	8	2
3	8	7	2	6	5	9	1	4
9	2	4	1	7	8	6	5	3
4	3	2	5	9	6	1	7	8
5	6	8	7	2	1	4	3	9
7	9	1	4	8	3	2	6	5

190.

9	2	1	4	3	7	6	8	5
7	6	8	9	5	2	4	1	3
5	4	3	6	8	1	2	7	9
6	8	5	7	1	3	9	4	2
4	1	2	8	9	5	3	6	7
3	9	7	2	6	4	1	5	8
1	7	6	5	2	9	8	3	4
2	3	4	1	7	8	5	9	6
8	5	9	3	4	6	7	2	1

191.

3	1	5	9	2	4	7	6	8
9	4	2	6	8	7	3	1	5
8	7	6	5	1	3	2	9	4
4	5	9	1	3	6	8	2	7
2	8	3	7	5	9	6	4	1
7	6	1	2	4	8	5	3	9
5	3	4	8	6	1	9	7	2
1	9	8	3	7	2	4	5	6
6	2	7	4	9	5	1	8	3

192.

8	4	6	2	3	1	5	9	7
2	1	3	5	7	9	4	6	8
9	5	7	6	8	4	1	3	2
7	6	2	4	9	8	3	5	1
5	8	4	3	1	2	9	7	6
3	9	1	7	6	5	2	8	4
1	2	8	9	5	7	6	4	3
6	7	5	1	4	3	8	2	9
4	3	9	8	2	6	7	1	5

193.

5	2	8	3	4	9	1	7	6
6	1	3	2	8	7	9	5	4
4	7	9	6	1	5	3	8	2
3	8	5	1	2	4	6	9	7
7	6	2	5	9	8	4	3	1
1	9	4	7	3	6	8	2	5
2	3	7	9	6	1	5	4	8
9	4	6	8	5	2	7	1	3
8	5	1	4	7	3	2	6	9

194.

9	1	7	4	5	8	3	6	2
3	6	4	2	7	9	1	8	5
5	8	2	3	1	6	7	9	4
7	4	3	1	6	5	8	2	9
2	9	6	7	8	3	4	5	1
8	5	1	9	2	4	6	7	3
1	7	8	5	4	2	9	3	6
6	2	9	8	3	1	5	4	7
4	3	5	6	9	7	2	1	8

195.

4	3	2	7	8	6	9	1	5
7	1	6	4	5	9	8	3	2
8	5	9	1	2	3	7	4	6
2	8	3	9	4	5	1	6	7
9	4	7	3	6	1	5	2	8
5	6	1	2	7	8	4	9	3
3	2	4	5	9	7	6	8	1
6	9	5	8	1	2	3	7	4
1	7	8	6	3	4	2	5	9

196.

6	2	7	4	9	5	1	3	8
9	4	5	1	3	8	2	7	6
8	1	3	6	2	7	9	4	5
1	5	9	7	8	2	4	6	3
2	3	4	5	6	9	7	8	1
7	8	6	3	4	1	5	2	9
4	7	8	9	1	6	3	5	2
5	9	2	8	7	3	6	1	4
3	6	1	2	5	4	8	9	7

197.

5	7	4	9	6	1	8	3	2
6	9	8	2	4	3	1	7	5
2	3	1	7	8	5	9	6	4
9	5	3	6	1	8	2	4	7
7	1	6	5	2	4	3	9	8
4	8	2	3	9	7	5	1	6
1	6	9	4	5	2	7	8	3
3	4	5	8	7	9	6	2	1
8	2	7	1	3	6	4	5	9

198.

2	1	9	6	4	5	7	8	3
5	3	4	7	2	8	9	1	6
7	8	6	9	3	1	5	4	2
4	5	2	1	6	3	8	7	9
1	7	3	5	8	9	6	2	4
6	9	8	2	7	4	1	3	5
9	2	7	3	1	6	4	5	8
8	6	1	4	5	2	3	9	7
3	4	5	8	9	7	2	6	1

199.

4	3	5	1	9	6	2	7	8
2	8	1	7	3	4	9	6	5
6	9	7	2	8	5	1	4	3
5	2	8	6	1	3	7	9	4
1	6	9	4	7	8	3	5	2
7	4	3	9	5	2	6	8	1
3	7	6	8	4	1	5	2	9
9	5	4	3	2	7	8	1	6
8	1	2	5	6	9	4	3	7

200.

1	2	3	7	6	4	9	5	8
8	4	6	9	3	5	1	2	7
9	5	7	1	2	8	6	4	3
5	1	9	3	4	2	8	7	6
3	8	4	5	7	6	2	1	9
6	7	2	8	9	1	4	3	5
7	6	5	2	1	9	3	8	4
4	3	1	6	8	7	5	9	2
2	9	8	4	5	3	7	6	1

Made in United States
North Haven, CT
05 December 2021

12019643R00070